DRINNEN & DRAUSSEN
mit der Maus

**Gärtnern,
kochen, basteln,
spielen!**

DIY ist die Abkürzung für „Do it yourself". Das ist Englisch und heißt „Mach es selbst". Alle Buchseiten, auf denen du Ideen zum Basteln, Bauen, Säen etc. findest, sind damit gekennzeichnet.

Abenteuer, Spiel & Spaß rund ums Jahr

Liebst du es auch, Abenteuer zu erleben, Dinge zu sammeln und damit zu basteln oder aus leckeren Zutaten etwas Köstliches zu kochen? Dann lass dir von Maus, Elefant und Ente zeigen, was sich in der Natur, aber auch in deinem eigenen Zuhause alles finden, entdecken und erforschen lässt! Und, was man damit Tolles anstellen kann.

Willst du Ameisen im Wald aufspüren und beobachten, wie fleißig sie sind, oder Spuren der Tiere im Schnee suchen? Oder machst du lieber eine spannende Schnitzeljagd und willst erfahren, wie man einen Drachen baut und steigen lässt? Mach dich zum Beispiel auf die Suche nach Material in der Natur und baue daraus in eurem Garten oder auf dem Balkon ein Insektenhotel oder eine Wetterstation. Und wenn du ein kleiner Genießer bist, verraten dir Maus, Elefant und Ente, wie du Gemüse selbst anbaust, Kräuter trocknest und damit leckeres Essen kochst.

Mach dich also bereit für eine Entdeckungsreise durch das Jahr – drinnen und draußen! Auf den nächsten Seiten findest du Spannendes über die Tier- und Pflanzenwelt, die lustigsten Spiele für drinnen und draußen und Lieblingsrezepte von Konfettisalat bis Mini-Burger. Auf den „Do-it-yourself"-Seiten zeigen dir die Maus und ihre Freunde, wie du Schritt für Schritt alles aus diesem Buch selbst nachbasteln, -bauen oder -kochen kannst.

Und jetzt an alle Abenteurer, Forscher, Tierfreunde und Schleckermäulchen: Viel Freude beim Entdecken, Probieren und Erleben!

Für Naturkundler & Tierfreunde

Die Natur bietet so viele Überraschungen direkt vor deiner Haustür! Lass dir von der Maus, dem Elefanten und der Ente zeigen, was es zu welcher Jahreszeit dort Spannendes zu entdecken gibt.

Erkundungstour: Raus in Garten, Wald und Park

Was blüht denn da?

Wenn die Sonnenstrahlen langsam wieder Kraft bekommen und dir schon so richtig schön den Rücken wärmen, trauen sich auch viele Blümchen aus der Erde. Es gibt sogar welche, die wachen früher auf als alle anderen – sie bilden noch mitten im Winter ihre ersten Blätter und blühen schon im Februar oder März. Die nennt man „Frühblüher". Dazu gehören zum Beispiel Schneeglöckchen, Narzissen, Tulpen und Krokusse.

Sie alle wachsen gern dort, wo viel Licht hinkommt – zum Beispiel im frühen Frühjahr auch noch am Waldboden im Laubwald, weil die Bäume ja noch keine Blätter tragen.

Altes Laub ist ein super Wärmespeicher: Durch seine dunkle Färbung speichert es nämlich das Sonnenlicht sehr gut. Darum kannst du im Wald oft schon sehr früh im Jahr ganze Blumenteppiche bewundern. Und die Zwiebeln der Frühblüher wirken wie kleine Heizungen, die den Boden um die Pflänzchen vor Frost schützen.

Tierische Frühaufsteher

Im Frühling kommen auch die Insekten wieder aus Löchern, unter trockenem Laub oder der Baumrinde hervor, wo sie überwintert haben. Der Marienkäfer legt jetzt Eier, aus denen schwarze, längliche Larven schlüpfen. Du findest sie auf Zimmerpflanzen, moosbedeckten Mäuerchen und hinter Fensterläden – geh auf Entdeckungsreise, aber behutsam!

Nicht nur in unseren Wäldern und Wiesen wachsen Krokusse – es gibt weltweit über 80 verschiedene Arten!

Guck mal, wer da schlüpft!

Nicht nur die Blumen strecken im Frühling langsam ihre Köpfe hervor – das Frühjahr ist auch Tierkinder-Zeit! Denn jetzt werden besonders viele Tierbabys geboren oder schlüpfen aus ihren Eiern. Warum das so ist? Ganz einfach: weil es wieder wärmer wird und die Tage länger. Natürlich ist auch viel zu futtern da, was für die Jungen besonders wichtig ist, damit sie groß und stark werden.

Besuch mit deinen Eltern doch einen Bauernhof oder einen Tierpark in der Nähe. Und dann musst du genau hinsehen, denn die Kleinen verstecken sich oft ganz nah bei ihrer Mutter.

Echte Vielfraße

Jungvögel sind immer hungrig. Dann strecken sie, so wie auf dem Bild, die Köpfchen in die Höhe mit weit aufgerissenen Schnäbelchen. Wenn sie noch nackt sind und die Augen geschlossen haben, brauchen sie jede Viertel- bis halbe Stunde eine Winzigkeit zu essen, tragen sie schon ihr Federkleid, ungefähr jede Stunde. Ganz schön viel zu tun für die Vogeleltern!

Schafe werden während
ihres ersten Lebensjahrs
„Lämmer" genannt.
Sie können schon
etwa zwei Stunden nach ihrer
Geburt wackelig
auf den Beinen stehen.

Erkundungstour:
Raus in Garten, Wald und Park

Fleißige Sommergesellen

Der Sommer ist die Jahreszeit, in der besonders viele Insekten unterwegs sind. So wuseln zum Beispiel die Ameisen fleißig durch die Gegend. Sie tragen immer irgendetwas hin und her. Und das machen sie mit der größten Sorgfalt und Ordnung. Jede scheint immer genau zu wissen, was sie zu tun hat. Wenn du in der Nähe von Ameisen etwas zu essen liegen lässt und

eine Ameise es entdeckt, gibt sie sofort ihren Kollegen Bescheid und sie tragen es in Windeseile weg. Mach dich doch bei deinem nächsten Ausflug in den Wald auf die Suche nach einem Ameisenhaufen. Die finden sich meist an trockenen und sonnigen Stellen des Waldes und können bis zu anderthalb Meter hoch werden! Zumindest der kleinere, oberirdische Teil. Unter der Erde geht es noch mal ungefähr genauso weit in die Tiefe. Ameisenhaufen bestehen aus Nadeln, Erde und Stängeln. Zahllose Gänge und Kammern durchziehen den riesigen Bau. In so einem Nest leben zwischen 100.000 und einer Million Tierchen, darunter mehrere Königinnen, die pausenlos Eier legen. Ameisen verständigen sich über Berührungen und 20 verschiedene Düfte. All ihre „Ameisenstraßen" markieren sie mit diesen Düften: So können die anderen Ameisen ihnen mühelos folgen.

Stark
wie Superman

Ameisen sind sehr stark, sie können das Zehnfache ihres eigenen Körpergewichts tragen. Das ist so, als würdest du einen Elefanten hochheben. Aber nicht den kleinen blauen Elefanten, sondern einen besonders großen und schweren.

Ameisenstraßen
sind zweispurig angelegt.
Wenn die Hauptspur zu voll ist,
weichen einige
Ameisen auf die
Nebenspur aus,
sonst kommt es zu einem Stau.

Die längsten Tage des Jahres

Im Sommer genießen wir die Wärme und das Licht um uns herum. Zu keiner Jahreszeit haben wir so viele Stunden Tageslicht. Im Winter hingegen geht die Sonne am kürzesten Tag schon um halb vier nachmittags unter.

Warum gibt es Tag und Nacht?

Die Erde ist eine große Kugel, die sich ein Jahr lang in einem riesigen Kreis um die Sonne dreht. Außerdem dreht sie sich jeden Tag einmal um sich selbst. So entstehen Tag und Nacht: Wenn du morgens aufwachst und die Sonne aufgeht, dann befindet sich dein Heimatort gerade auf der Seite der Erde, die der Sonne zugewandt ist. Wenn du nachts schläfst, hat sich die Erde so weit gedreht, dass wir uns auf der Seite befinden, die ins Weltall gerichtet ist. Und so sehen wir den Mond und die Sterne am Himmel stehen.

Da unsere Erde nicht ganz gerade, sondern etwas schräg im Weltall steht, kommt ein Teil von ihr während der Umrundung der Sonne einige Zeit im Jahr sehr nah an sie heran. Das merkst du daran, dass in deinem Heimatort die Sonne besonders hoch am Himmel steht und viele Stunden am Tag scheint (wenn es nicht bewölkt ist) und es dadurch sehr lange hell ist. Und weil wir der Sonne dann so nah sind, wärmen ihre Strahlen auch sehr stark – es ist Sommer.

In dem Erdteil, der von der Sonne zur selben Zeit gerade weit entfernt liegt, ist die Sonne nur ein paar Stunden am Tag zu sehen, sie steigt auch gar nicht so hoch hinauf und ihre Strahlen wärmen nur wenig. Dort ist dann Winter. Weil die Erde sich dreht, wechseln die Jahreszeiten und irgendwann ist unser Erdteil weit von der Sonne entfernt und wir haben Winter.

Ganz oben am Nordpol wird es im Sommer an einigen Tagen gar nicht dunkel, das heißt, die Sonne geht dort nicht unter.

Der 21. Juni ist bei uns der längste Tag im Jahr, an dem wir also am längsten Tageslicht haben – er wird „Sommersonnenwende" genannt, weil ab da die Tage wieder kürzer werden.

Erkundungstour:
Raus in Garten, Wald und Park

Bunt sind schon die Wälder …

Im Herbst wird es langsam kühler, das Licht verändert sich und auch die Natur. Das kannst du am besten erkennen an den Blättern der Bäume, die sich bunt färben – gelb, rot, orange, braun – und herunterfallen.

Weißt du auch, warum unsere Laubbäume im Herbst ihre Blätter abwerfen? Das machen sie, um den Winter zu überstehen. Denn wenn das Wasser im Boden gefriert, bekommt der Baum nicht mehr ausreichend Flüssigkeit, um auch seine Blätter damit zu versorgen. Ohne sie schafft er es aber, mit ganz wenig Wasser zu überwintern.

Nadelbäumen hingegen macht die Kälte nichts aus. Ihre dünnen, harten Nadeln benötigen nämlich viel weniger Flüssigkeit als die breiteren Blätter der Laubbäume. Durch ihre Form und Festigkeit sind die Nadeln auch besonders gut gegen Frost geschützt, der ihnen nichts anhaben kann. Die zarten Blätter der Bäume hingegen würden erfrieren und absterben.

Nadlige Ausreißer

Die Europäische Lärche ist der einzige Nadelbaum, der im Winter seine Nadeln abwirft.
Sie eignet sich daher nicht als Weihnachtsbaum.

Erntezeit für die Tiere

Im Herbst kannst du wunderbar Kastanien, Eicheln, Bucheckern oder Zapfen zum Basteln sammeln. Das tun jetzt auch alle Tiere, die keinen Winterschlaf halten. Sie sammeln emsig ihre Vorräte für die Zeit, wenn es draußen in der Natur kaum noch etwas zu fressen für sie gibt. Dort, wo viele Bäume stehen, kannst du nun oft Eichhörnchen entdecken. Sie sind auf der Suche nach Nüssen und Samen, um sie im Boden, in Astgabeln oder unter Wurzeln als Vorrat zu verstecken. Das Eichhörnchen hält nur Winterruhe in seinem kugeligen Nest, dem Kobel. Das heißt, es schläft zwar, allerdings nicht allzu tief, und unterbricht seinen Schlaf, um von seinen Vorräten zu naschen.

Winterschläfer

Die Tiere, die Winterschlaf halten, futtern sich jetzt eine dicke Fettschicht an, wie zum Beispiel die Igel, damit sie gut über den Winter kommen. Bis November sucht sich der Igel sein Winterquartier. Am liebsten ist ihm ein Haufen aus Blättern und Strauch-schnitt oder auch ein Komposthaufen. Auch du kannst den Igeln einen Unterschlupf für den Winter bauen, indem du ganz einfach heruntergefallenes Laub und Äste in einer ungestörten Ecke des Gartens auftürmst.

Der Winterschlaf des Igels dauert fünf bis sechs Monate. Dazu rollt er sich zu einer Kugel zusammen, seine Körpertemperatur wird stark abgesenkt und sein Herzschlag auf wenige Schläge die Minute verlangsamt: So hält er diese lange Zeit ohne Nahrung aus.

Eichhörnchen vergessen häufig ihre Verstecke. Das ist von großem Vorteil für die Natur, denn aus den vergessenen Samen sprießen dann im Frühjahr neue Pflanzen.

Erkundungstour: Raus in Garten, Wald und Park

Kräfte sammeln im Winter

Im Winter hält die Natur größtenteils Ruhe, sie sammelt Kraft – unter der Erde in den Wurzeln und in ihren Stämmen, Stielen und Hölzern – für den Neubeginn im Frühling. Die Pflanzen richten sich dabei vor allem nach der Temperatur. In warmen Gegenden tragen Pflanzen das ganze Jahr über Laub und blühen. Das ist bei uns aber zu gefährlich. Denn die Zellen der Pflanzen bestehen zum großen Teil aus Wasser. Wenn das bei Frost gefriert, dehnt es sich aus und verwandelt sich in scharfkantige Eiskristalle, die die zarten Zellwände der Blätter und Stängel zerstören würden.

Pflanzen sind aber sehr schlau und so haben sie hier bei uns einen Trick entwickelt, um den Winter zu überstehen: Die meisten halten Winterruhe, bis es wieder wärmer wird, um erneut zu wachsen und zu blühen. Dazu werfen viele von ihnen ihre oberirdischen Pflanzenteile ab und speichern alle Kraft des Sommers in ihrer Knolle oder Blumenzwiebel.

Es gibt aber auch Pflanzen, die leben nur ein Jahr und sterben im Herbst ab, wie zum Beispiel die Sonnenblume. Sie sorgt mit ihren Samen aber dafür, dass im nächsten Jahr eine neue Sonnenblume erblühen kann (oder viele). Samenkörner erfrieren nämlich nicht, sondern schlafen in der Erde und überwintern auf diese Weise.

Fichte

Tanne

Schnee, der tagsüber leicht antaut und nachts dann zu Eis gefriert, schützt die Äste der Bäume vor Wind und Frost.

Wie schön sind deine „Blätter"

Die Nadeln der Nadelbäume sind viel dicker als die Blätter der Laubbäume und durch eine Wachsschicht vor der Kälte und dem Austrocknen geschützt. Darum können die Nadelbäume sie auch im Winter behalten.

Hungrige Wintergesellen

Viele Tiere schlafen im Winter und viele Vögel sind in den Süden gereist. Aber es gibt eben auch Tiere, die zum Futtersuchen im Winter durch die Gegend streifen. Wenn Schnee liegt, solltest du auf jeden Fall einen Waldspaziergang machen. Denn da die Tiere auch bei Kälte nach Futter suchen, ist die Chance, welche zu entdecken, besonders groß. Warum? Weil du ihre Spuren im Schnee leicht verfolgen kannst (wie das geht, kannst du auf Seite 48 nachlesen).

Futterstelle für die Tiere

Normalerweise ist es nicht notwendig, wild lebende Tiere zu füttern. In der Stadt aber kann das schon anders aussehen oder wenn es ein besonders kalter Winter ist, sodass die Böden gefroren sind und zum Beispiel das Eichhörnchen nicht mehr an seine Vorräte herankommt. Wenn du eine Futterstelle für Eichhörnchen haben möchtest, solltest du sie immer etwas erhöht anbringen, so schützt du es vor Feinden am Boden. Futterstellen für Eichhörnchen bekommst du übrigens zum Beispiel im Baumarkt.

Wichtig ist, dass du den Futterplatz immer sauber machst, bevor du neues Futter hineinfüllst, damit die Tiere nicht krank werden. Am besten sollte das Futter auch an einem trockenen Ort stehen und überdacht sein, weil es schimmeln kann, wenn es feucht wird.

Wenn du einmal angefangen hast zu füttern, dann mache das regelmäßig, denn die Tiere werden deine Futterstelle gezielt aufsuchen. Wenn sie dann nichts finden, brauchen sie Kraft, um an einer anderen Stelle nach Futter zu suchen. Wähle Futter aus, das die Tiere auch vertragen. Eichhörnchen mögen Nüsse, Beeren, Obst, Saaten und Gemüse. Unter den Vögeln gibt es Körnerfresser, die lieben Sonnenblumenkerne und andere Körner, und Weichfutterfresser, die du gut mit Haferflocken, Rosinen und Obst füttern kannst.

Wie du einen Futterbecher für Vögel selbst herstellst, kannst du auf Seite 32/33 nachlesen. Achtung: Nüsse und Kerne dürfen nicht gewürzt sein, denn das kann Vögel krank machen.

DIY

Vom Samen zur Blume

Diese Blumen sind Sonnenanbeter

Wusstest du, dass sich Sonnenblumen immer mit der Sonne drehen? So schauen sie morgens nach Osten, wo die Sonne aufgeht, wandern dann Richtung Süden, am Abend haben sie sich nach Westen, Richtung Sonnenuntergang, gedreht.

Das Schönste und Aufregendste ist, wenn du selbst etwas pflanzt, das dann irgendwann aus der Erde hervorkriecht und zu blühen beginnt. Die Maus mag am liebsten Sonnenblumen, die blühen sooo schön kräftig gelb und man kann sogar etwas aus ihnen ernten: Sonnenblumenkerne.

Für etwa 3 große Sonnenblumen im Sommer brauchst du:
- **9 Sonnenblumenkerne**
- **3 kleine Tontöpfe mit Untersetzer (zum Vorziehen)**
- **wenn du auf dem Balkon pflanzt: 1 Balkonkasten (zum Umpflanzen)**
- **und Blumenerde (für einen normal großen Kasten ungefähr 12 Liter)**

Vögel liiiieben Sonnenblumenkerne! Darum säst du sie am besten drinnen im Töpfchen ein. Das machst du schon **im März.** Weil nicht alle Kerne etwas werden, säst du **am Anfang je drei Kerne in einen kleinen Topf.** Dazu füllst du den Topf mit etwas Erde und setzt die Kerne mit ein wenig Abstand hinein. Drück sie leicht fest und füll den Topf mit Erde (die Kerne sollten etwa 2 cm tief in der Erde stecken). Jetzt noch etwas Wasser drüber. **Es ist wichtig, dass die Kerne warm stehen und die Erde immer etwas feucht ist.**

Nach ein paar Wochen kriechen die Pflänzchen ans Licht. **Du brauchst aus jedem der drei Töpfe nur eine Pflanze, die anderen kannst du abknipsen,** denn sie nehmen sich sonst gegenseitig zu viele Nährstoffe weg. Die eine Pflanze in jedem Topf aber kann so richtig schön stark werden, bis du sie ins Beet oder in den Balkonkasten umpflanzt. **Ende Mai** suchst du einen schönen Platz mit viel Sonne in eurem Garten aus und gräbst mit einer Schaufel Löcher vor oder du füllst

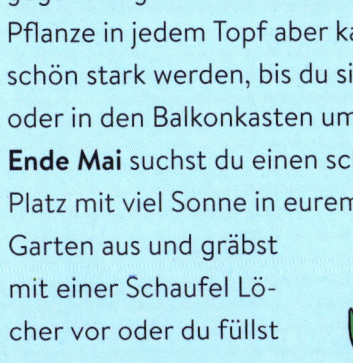

deinen Balkonkasten mit Erde und holst deine Pflänzchen ganz vorsichtig mit ihren Wurzeln aus ihren Töpfen heraus.

Du setzt sie etwa in einem **Abstand von 30 cm** nebeneinander in das Beet oder den Balkonkasten und gießt sie einmal ordentlich. Schade, dass du dazu nicht den Rüssel nehmen kannst wie der Elefant.

Gießen musst du deine Sonnenblumen regelmäßig (jeden Morgen oder jeden Abend). **Sonnenblumen brauchen viel Wasser.**

Ab und zu können deine Sonnenblumen auch **etwas Dünger** vertragen, das heißt, sie brauchen ein bisschen Extra-Nahrung, wie du Vitamine. Dazu fragst du am besten deine Eltern.

Und im Herbst dürfen dann die Vögel die Sonnenblumenkerne direkt aus der Blüte ernten! **So hast du einen ganz natürlichen Futterplatz geschaffen.**

Du kannst die Kerne natürlich auch selbst essen. **Dazu musst du aber warten, bis die Blüte ganz verblüht ist.** Dann schneidest du sie mit etwa 30 cm vom Stiel ab und trocknest sie

kopfüber in der Wohnung. Die Maus hat einen guten Tipp (damit die Ente nicht alle Kerne auffuttert): Stülpe eine Papiertüte über die Blüte. Die Kerne lösen sich irgendwann von allein und fallen direkt hinein.

Alle Kerne gibst du in ein Sieb und wäschst sie ab. Leg sie dann auf ein Handtuch und lass sie an der Luft trocknen. **Du kannst die Kerne in einem luftdichten Behältnis mehrere Wochen aufbewahren.** Wenn du sie nicht sowieso alle ganz schnell verputzt.

Wildblumen sind übrigens Blumen, die ohne menschliche Pflege wachsen. Es gibt um die 4000 verschiedenen Arten. Löwenzahn und Gänseblümchen gehören dazu, auch Beinwell, Buschwindröschen, Mohn, Kornblumen, Blauer Enzian, Kamille, Schafgarbe oder Klee.

Wildblumenwiese auf dem Balkon

Ihr habt nur einen Balkon, aber du wünschst dir eine Blumenwiese mit Bienen? Dann pflanz dir doch einfach eine direkt vor dem Fenster. Sie muss ja nicht groß sein.

Dafür brauchst du:
• 1 (oder auch mehr) Balkonkästen
• Blumenerde (für einen normal großen Kasten ungefähr 12 Liter)
• Wildblumensamen (die gibt's im Gartencenter, Blumenladen oder auch in der Drogerie zu kaufen)

Als Erstes füllst du den Kasten mit Erde, sodass **etwa vier Finger breit** zum oberen Rand hin frei bleibt.

Dann streust du **die Samen gleichmäßig verteilt** darauf. Am Ende drückst du sie mit deinem Handrücken etwas fest und **bedeckst sie mit einer dünnen Schicht Erde.** Natürlich brauchen sie auch noch etwas Wasser. **Gießen** musst du deine Samen sowieso **regelmäßig einmal am Tag.** Mach vorher lieber immer einmal den Fingertest: Die Erde soll nicht trocken sein, aber auch nicht zu nass.

Und jetzt heißt es abwarten und sich freuen: **Nach ein paar Wochen** werden sich die ersten grünen Pflänzchen zeigen!

Samenkugeln für eine bunte Umwelt

Gehst du auch manch-
mal durch die Straßen und
findest, es könnte hier viiiel bunter
sein? Dann haben Maus, Elefant und
Ente einen Tipp für dich: Hab in Zu-
kunft immer ein paar Samenkugeln in
der Tasche, zumindest im Frühling,
denn das ist die beste Zeit, um
Blumen zu pflanzen.

**Was ist eine
Samenkugel?**
Samenkugeln bestehen aus
Blumensamen, die sozusagen
in Erde verpackt sind, damit sie
überall sprießen können, weil sie
ihre eigene Erde mitbringen.
Ein kleiner Regenguss und
los geht's!

Du brauchst für etwa 25 Samenkugeln:

• 5 Päckchen verschiedene heimische
  Blumensamen

• 1 Schüsselchen

• 1 Packung Tonerde

• 1 große Schüssel

• 350 g Blumenerde

• Zeitungspapier

• Stoffreste und
  farbige Bändchen (wenn du mal
  eine Samenkugel verschenken möchtest)

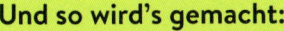

Und so wird's gemacht:
Du vermischst die fünf Tütchen mit Blumensamen in dem Schüsselchen.

Die Blumenerde füllst du in die große Schüssel und **lockerst sie mit den Händen** etwas
auf, falls größere Stücke darunter sind.
Äste, Rinde oder Wurzeln entfernst du.
Dann füllst du die Tonerde dazu.

Jetzt mischst du die Samen zu der Erde dazu.
Achte darauf, dass alles gut durchgemischt
ist, damit die Samen überall sind.

Nun **nach und nach Wasser hinzugeben** und gut durchmischen. **Nur
so viel Wasser** hinzugeben,
dass die Erde schön klitschig
ist, nicht vor Nässe trieft.

Leg **das Zeitungspapier** auf einem Tablett
bereit. Darauf trocknen nachher deine Samenkugeln.

Um eine Kugel zu formen, nimmst du **eine
kleine Portion Erde mit Samen in eine Hand-
kuhle und drückst die Erde mit den Fingern
der anderen Hand nach und nach zu einer
festen Kugel zusammen.** Das geht besser,
als die Erde zwischen den Händen zu
rollen, denn dabei bröckelt sie zu
leicht.

Leg die fertig gerollten Kugeln
zum Trocknen auf das Zei-
tungspapier. **Sie müssen immer
mal wieder vorsichtig gedreht
werden,** damit sie gleichmäßig
trocknen. Das dauert etwa zwei Tage.

Und dann kann's losgehen: Steck die Kugeln
ein und verteil sie dort, **wo du Farbkleckse
um dich herum vermisst.** Das kann auch
im eigenen Garten sein (oder auf
dem Balkon in einem verwaisten
Blumentopf oder alten Gummistiefel, siehe Seite 88).

Rettet die Wildbienen!

Willst du den Wildbienen helfen? Dann bau ein „Bienenhotel"!
Damit lockst du diese nützlichen Tierchen auch in euren Garten. Keine Angst:
Wildbienen sind sehr friedlich. Am besten baust du sogar eine
Unterkunft beziehungsweise Nisthilfe für alle Insekten.
Wie das geht, erfährst du auf Seite 84.

Was ist eigentlich „Bestäuben"?

Blüten müssen bestäubt werden, damit sie zu Früchten oder Gemüse werden können, wie zum Beispiel Äpfel oder Gurken. Das übernehmen in der Natur vor allem die Bienen: Wenn sich eine Biene zum Beispiel auf einer Blüte eines Apfelbaums niedersetzt, um den süßen Nektar aufzusaugen, bleibt der Blütenstaub an ihr hängen und sie trägt ihn zur nächsten Apfelblüte. So wird die zweite Blüte mit dem Staub der ersten Blüte „bestäubt" und sie kann zu einem Apfel wachsen. Du kannst auch selbst Biene spielen: Schnapp dir dafür einen kleinen Pinsel und streich vorsichtig über die Mitte der Blüte. Dasselbe machst du bei der nächsten Blüte der gleichen Art.

Wusstest du, dass erst die Bienen dafür sorgen, dass unsere Bäume Obst tragen und dass es Gemüse gibt, das wir essen können?

Denn nur wenn sie eine Blüte bestäuben, kann daraus überhaupt eine Frucht oder ein Gemüse werden. **Darum sind Bienen (aber natürlich auch andere Insekten) so wichtig** und sollten unbedingt geschützt werden. Je mehr Blumen sie finden, umso besser geht es ihnen. Schau doch mal auf den Seiten 24 bis 27 nach, da zeigen dir Maus, Elefant und Ente, wie du ganz einfach viele Blumen säen kannst.

Die meisten Bienen, die bei uns herumsummen, sind aber keine Honigbienen, sondern **Wildbienen.** Über 500 verschiedene Arten gibt es davon in Deutschland! Eine ganz besondere Wildbienenart ist die Blaue Holzbiene: Sie ist sehr groß und wird daher auch oft für eine Hummel gehalten. Erkennen kannst du sie an ihrem auffälligen Aussehen: Sie hat einen metallisch-schwarz glänzenden Panzer und blau schimmernde Flügel.

Viele Wildbienenarten sind **Einzelgänger** und leben nicht in großen Völkern wie die Honigbienen. Sie leben auch nicht im Bienenstock beim Imker, sondern **in alten Mäuselöchern, in Baumhöhlen oder Vogelnistkästen.** Vor allem wichtig sind aber Nistplätze für ihre Eier, damit im nächsten Frühling neue Wildbienen schlüpfen können. **Leider sind die Wildbienen bedroht,** weil sie nicht mehr genug Nahrung – also Blumen – finden und auch zu wenig Nistplätze.

Viele Wildbienen mögen sandige Böden.

Besonders: die Blaue Holzbiene

Futter für hungrige Vögel

Das brauchst du für 1–2 Futterbecher:

- 150 g hartes Kokosfett
- 1 Kochtopf
- 150 g Kerne und Nüsse
  (gemischt, aber nicht gewürzt)
- 1–2 Becher (aus denen ihr nicht
  mehr trinken wollt)
- 1–2 Stöcke (ca. 20 cm lang)
- 1–2 feste Bänder

Und so geht's:

Füll das Kokosfett in den Kochtopf und
schmelz es bei niedriger Temperatur. Nicht zu
heiß, damit es nicht spritzt!

Wenn das Fett geschmolzen ist, zieh den Topf
von der Herdplatte und **misch die Körner und
Nüsse** mit einem Kochlöffel gut darunter. Das
Ganze muss nun etwas abkühlen.

Wenn die Mischung **zu einer zähen Masse** geworden ist, füllst du sie in den Becher. **Steck
einen Stock in die Masse,** ganz in die Nähe
des Becherrands, damit er nicht verrutscht.
Darauf können die Vögel später beim Futtern
gemütlich sitzen. Dann den **Futterbecher kühl
stellen,** bis die Masse ganz hart geworden ist.

Bind nun **das feste Band an den Henkel** des
Bechers. Hieran kannst du den Futterbecher
aufhängen.

Was Vögel gern futtern

Die häufigsten Körnerfresser sind
Meisen, Finken und Sperlinge. Rot-
kehlchen, Heckenbraunellen, Amseln,
Wacholderdrosseln und Zaunkönige
mögen lieber weicheres Futter:
Sie freuen sich über Rosinen,
Obst, Haferflocken
oder Kleie.

Feldsperlinge

Buchfink

Blaumeise

Und dann suchst du dir einen Platz schön nah
an deinem Fenster, damit du die Besucher aus
nächster Nähe beobachten kannst.

Dein kunterbuntes Herbarium

Farben- und Formenpracht zum Entdecken und Sammeln

Rund um dich herum blühen die Blumen und wachsen die Blätter – ob im Garten, im Park oder im Wald – und verwandeln alles in ein Farben- und Formenmeer. Um die Farben und Formen auch für die dunklen Monate zu bewahren, **sammel doch von jeder Blume eine Blüte, von jedem Baum und Strauch ein Blatt und press sie in einer Blumenpresse.**

Hast du Lust dazu? Dann streif durchs Grüne und versuch, **so viele verschiedene Pflanzen** zu entdecken, wie du kannst. Pflück sie vorsichtig ab und **leg sie flach in einen großen Korb,** ohne sie zu knicken, **oder zwischen zwei Blatt Papier** und dann am besten in ein großes, dünnes Buch in einem Leinenbeutel. So kannst du deine empfindlichen Schätze gut nach Hause transportieren, ohne dass sie kaputtgehen.

Dort legst du sie dann auch **in eine Blumenpresse oder bastelst dir selbst eine:** Die Blüten und Blätter dazu nebeneinander (nicht übereinander!) auf ein Blatt Löschpapier, dann noch eines obendrauf. Das Ganze machst du noch einmal und dieser Stapel kommt dann für **drei Tage unter ein dickes Buch.**

Aus den getrockneten Blüten und Blättern lassen sich auch tolle Glückwunschkasrten gestalten.

DIY

hades of purple & gold

greenery + leaves

from central garden

Spring flowers

today is the first day of Spring! Suns... ...right sky are so wonderfu... ...a long ...t of cold winter...

Jetzt kannst du dir deine eigene Blumen- und Blättersammlung basteln, auch „Herbarium" genannt.

Dazu brauchst du:
- 1 Zeichenheft (mindestens 15 x 15 cm), unliniert, in einer Farbe, die dir gut gefällt
- Klebeband (durchsichtig) oder Klebestift/ Klebstoff in der Tube
- Buntstifte

Und so wird's gemacht:
Leg deine gepressten Pflanzenteile (Blüten, Blätter) auf eine Seite des Zeichenhefts und befestig sie mit Klebeband oder Klebestift (dabei ganz vorsichtig sein, damit nichts einreißt). Darunter kannst du Folgendes schreiben (oder deine Eltern darum bitten):

Name: Beim Herausfinden des Pflanzennamens lass dir von deinen Eltern helfen
Blüten/Blattfarbe: Schau genau hin!
Fundort: Wo hast du die Pflanze gefunden?
Datum: Wann hast du die Pflanze gepflückt? Das wiederholst du für jede Blüte und jedes Blatt, das du gesammelt hast.

Du kannst für jedes Pflanzenteil eine neue Seite nehmen oder du klebst mehrere auf eine Seite, ganz wie du magst.

Auf dein Heft schreibst du: **„Meine Blumen- und Blättersammlung"** oder **„Mein Herbarium".** So entsteht mit der Zeit dein eigenes Herbarium, in dem du alle Pflanzen sammeln kannst, die du auf deinen Wegen so findest.

Was bedeutet „Herbarium"?
Herba kommt aus dem Lateinischen und bedeutet „Kraut". Latein war die Sprache der alten Römer, die heute aber nicht mehr gesprochen wird. Als „Herbarium" bezeichnet man eine Sammlung von getrockneten und gepressten Pflanzen. Jede Pflanze wird aufgeklebt und dazugeschrieben, wie sie heißt, wo sie wächst und was ihre wichtigsten Merkmale sind. Das Schöne ist: Getrocknet und gepresst lassen sich Blüten und Blätter gaaaaanz lang aufbewahren.

Für Abenteuer- & Bewegungslustige

Ob Frühling, Sommer, Herbst oder Winter – jetzt geht's auf Abenteuertour: Zelten, Tipi bauen, Drachen steigen ... es gibt sooo viel zu erleben! Aber auch drinnen lässt sich allerhand Abenteuerliches anstellen und entdecken.

Erkundungstour:
Herumtollen & Abenteuer erleben

Lasset uns singen, tanzen und springen!

An ersten schönen Frühlingstagen spürt man in sich eine Kraft, sodass man am liebsten den ganzen Tag draußen herumtollen würde. „Frühlingsgefühle" nennt man es, wenn man sich so leicht, gelöst und fröhlich fühlt, weil endlich wieder alles zu sprießen und zu wachsen beginnt und es wieder wärmer und heller wird. Dann erwacht auch unser Körper aus einer Art „Winterschlaf",

zumindest haben wir es uns in den dunklen und kalten Monaten ja sehr oft drinnen gemütlich gemacht.

Aber woher wissen die Pflanzen eigentlich, wann Frühling ist? Wusstest du, dass einige von ihnen die Temperatur messen können? Obstbäume zum Beispiel „zählen" die warmen Tage zusammen und beginnen erst ab einer bestimmten Anzahl auszuschlagen. Obwohl die Schmetterlingssaison eigentlich erst im Mai beginnt, ist der Zitronenfalter schon in den ersten Märzwochen als Vorbote unterwegs. Die teilweise noch eisigen Temperaturen machen ihm nichts aus, weil er ein körpereigenes Frostschutzmittel aus verschiedenen Stoffen besitzt.

Ein Spaziergang mit Nervenkitzel

Damit die müden Knochen wieder munter werden, wird jetzt gespielt, was das Zeug hält. Und zwar draußen, wenn das Wetter es zulässt. Du kannst die Spiele natürlich auch drinnen spielen. Du brauchst dazu nur ein paar Freunde (oder Mama und Papa).

Anschleichen

Du stellst dich mit verbundenen Augen an einen Baum, eine Mauer oder an den Küchentisch. Du darfst um den Baum oder den Tisch herumgehen oder an der Mauer hin und her, aber dich nicht davon entfernen. Deine Mitspieler versuchen nun der Reihe nach von einer etwa drei Meter entfernten Linie, sich leise anzuschleichen. Wenn sie den Baum, die Mauer oder den Tisch berühren, ohne dass du sie erwischst, sind sie frei. Du wirst sehen: Das kribbelt wahnsinnig im Bauch!

Ein Hut, ein Stock, ein Regenschirm

Geh mit deinen Eltern doch mal in den Wald oder den Park und schau genau, was um dich herum alles erblüht und erwacht. Damit das Spazierengehen auch wirklich Spaß macht, könnt ihr dabei folgendes Spiel spielen:

Ihr stellt euch in einer Reihe auf und nehmt euch an den Händen. Und dann geht's los, während ihr zusammen diesen Reim aufsagt:

Und eins und zwei und drei und vier und fünf und sechs und sieben und acht.
Ein Hut, ein Stock, ein Regenschirm.
Und vorwärts, rückwärts, seitwärts, ran;
Hacke, Spitze, hoch das Bein und ...
Dann geht's von vorn los.

Bei jedem „Und" setzt ihr den rechten Fuß einen Schritt nach vorn und macht dann bei jeder Silbe einen weiteren Schritt. Bei „vorwärts" geht ihr einen Schritt vor, bei „rückwärts" einen zurück, bei „seitwärts" streckt ihr das Bein zur Seite aus, bei „ran" stellt ihr die Füße wieder zusammen. Dann auf die Hacke mit dem rechten Fuß, anschließend auf die Zehenspitzen, dann werft ihr das Bein in die Luft, macht einen kleinen Hopser und beginnt wieder mit dem rechten Fuß von vorn. Das macht ihr so lange, bis ihr irgendwo angekommen seid, wo es etwas zu entdecken gibt oder wenn ihr einen Baum erblickt, an dem man wunderbar „Anschleichen" spielen kann. Den Spaziergang könnt ihr übrigens bei schlechtem Wetter auch mal quer durch die Wohnung machen, die Treppen hoch und runter, übers Bett ...

Erkundungstour:
Herumtollen & Abenteuer erleben

Kühler Spaß,
wenn die Sonne brennt

Wenn der Sommer warm ist, willst du bestimmt am liebsten den ganzen Tag draußen sein. Gerade bei hohen Temperaturen bringt es natürlich am meisten Spaß, mit Wasser zu spielen, weil du immer mal wieder die Füße ins kühle Nass stecken kannst.

Leg dir doch auf deinem Balkon oder im Garten einen eigenen kleinen Teich an. Dazu füllst du einen großen Bottich mit Wasser. Vielleicht legst du noch ein paar große Steine hinein und setzt ein paar Wasserpflanzen ein (die bekommst du im Gartencenter). Beobachte genau, wie sich das Wasser über die Tage verändert. Vielleicht trinkt auch mal ein Vögelchen davon. Oder es verirrt sich ein Insekt hinein, dann musst du es natürlich retten.

Warme Sommernächte laden auch dazu ein, mal draußen zu schlafen. Wie wäre es statt in einem Zelt mal in deinem eigenen Tipi zu übernachten? Wie man sich so eines baut, erfährst du auf Seite 66.

Mückenstich- Jucken ade!

Wenn man viel in der Natur unterwegs ist und sogar draußen schläft, sticht einen schon mal die ein oder andere Mücke. Ganz schnell verschwindet das nervige Jucken, wenn du ein Blatt vom Spitzwegerich (Foto) zerkaust und den Spucke-Blatt-Brei dann auf dem Stich verteilst. Die Blätter helfen übrigens auch als Pflasterersatz. Dazu einfach ein paar abpflücken, etwas zwischen den Händen zerreiben, sodass der Pflanzensaft austritt, und behutsam auf die schmerzende Stelle drücken.

Erkundungstour:
Herumtollen & Abenteuer erleben

Der Wind, der Wind, das himmlische Kind

Wenn man „Herbst" hört, denkt man sofort an Wind, oder? Der Wind holt die Blätter von den Bäumen, zerzaust dir das Haar und lässt deinen Drachen wunderbar in die Lüfte steigen. Wie du einen Drachen selbst baust, siehst du auf den Seiten 62 bis 65.

Ab Windstärke 9 sollte man sich gut überlegen, ob man nach draußen geht, denn da kann es schon mal gefährlich werden, wenn etwas durch die Luft gewirbelt wird oder Äste herunterfallen. Wenn stürmischer Wind weht (natürlich noch kein Orkan), schnapp dir einen Erwachsenen und trau dich an einen Ort, der nicht von Bäumen umsäumt ist. Hier kannst du dich mal in den Wind „legen" und schauen, wie gut er dich trägt. Dazu einfach die Arme ausbreiten und dorthin lehnen, woher der Wind kommt.

Bei starkem Wind macht es Spaß, von drinnnen (!) den Blättern beim „Tanzen" zuzusehen!

Starke Stürme oder Orkane können im Wald große Schäden an den Bäumen anrichten. So kann es durchaus passieren, dass ganze Baumwipfel abbrechen oder sogar Bäume entwurzelt werden.

Es gibt übrigens verschiedene Windstärken:

0 = Windstille
1 = leiser Zug
2 = leichte Brise
3 = schwache Brise
4 = mäßige Brise
5 = frische Brise
6 = starker Wind
7 = steifer Wind
8 = stürmischer Wind
9 = Sturm
10 = schwerer Sturm
11 = orkanartiger Sturm
12 = Orkan

Erkundungstour:
Herumtollen & Abenteuer erleben

Winterfreuden
mit Schnee und ohne

Es stimmt: Im Winter schläft die Natur. Das heißt aber nicht, dass man sich in ihr auch leise verhalten muss. Im Gegenteil: Niemals sonst im Jahr bieten Garten, Wiese und Park so viel Platz. Du kannst nach Herzenslust toben und herumlaufen, denn es kann keine Blume mehr abknicken.

Wenn dann auch noch Schnee liegt, geht's richtig rund. Zum Beispiel mit einer wilden Schneeballschlacht. Am besten baust du dir dazu eine Mauer aus Schnee, hinter der du dich verschanzen kannst. Dazu füllst du Schnee bis oben hin in eine Plastikbox (frag mal deine Eltern) und stülpst sie um. Mache das, bis du einen ganzen Kreis aus Schneeblöcken hast. Die Lücken zwischen den Blöcken füllst du einfach mit Schnee auf und klopfst ihn fest.

Was noch alles geht: Schlitten fahren, Schneemann bauen, Schneeengel machen. Dazu legst du dich auf den Rücken in den Schnee mit ausgebreiteten Armen und Beinen. Und nun bewegst du die Arme im Schnee immer hoch und runter und die Beine auseinander und wieder zusammen. So entsteht, wenn du wieder aufstehst, eine Figur im Schnee, die aussieht wie ein Engel mit Flügeln und Kleid.

Tierspuren lesen

Besonders gut lassen sich im Schnee die Spuren von Tieren lesen, die im Winter unterwegs sind, um Nahrung zu suchen. Bei euch im Garten oder auf dem Balkon entdeckst du vielleicht die Fußspuren der Amsel oder des Rotkehlchens.

Man kann auch an anderen Spuren erkennen, wo Tiere gewesen sind. Zum Beispiel findest du jetzt in Büschen und Hecken Vogelnester, die im Sommer hinter den Blättern gut versteckt waren. Wenn du Nussschalen entdeckst, weißt du: Hier hat eine Maus oder ein Eichhörnchen eine Nuss geknackt und gleich verzehrt. Und dann kannst du bestimmt auch hier und da das finden, was alle Tiere nun mal hinterlassen, wenn sie gefressen haben: Häufchen. Im Weiß des Schnees sind die natürlich besonders gut zu sehen.

Kleiner Wettbewerb: Wer macht den schönsten Schneeengel?

Große Gefahr: Waldbrand

Wenn du ein Lagerfeuer machst, musst du immer gut aufpassen, dass es danach auch richtig gelöscht und wirklich ganz aus ist. Denn sonst kann es sein, dass seine Glut auf die Umgebung übergeht und ein Waldbrand entsteht. Durch das Feuer werden ganz viele Pflanzen niedergebrannt und auch Tiere bedroht, die dort leben. Und natürlich sind auch die Häuser der Menschen in Gefahr, die in der Gegend leben.

So schön, so aufregend, so warm! Ein Lagerfeuer ist etwas ganz Tolles. Aber du brauchst dazu **die Hilfe eines Erwachsenen.** Der muss nämlich erst mal einen geeigneten Platz suchen, an dem man ein Feuer machen darf. Der Platz sollte am besten **auf Sand oder Erde sein,** weil die nicht brennen können. Und natürlich weit weg von einem Wald!

Jetzt gehst du auf die Suche nach **großen Steinen,** die in einem Kreis um die Feuerstelle gelegt werden. Dann brauchst du **Holz und zwar verschiedenes:** kleine, dünne Äste, dicke Äste, Holzstücke, Blätter und Baumrinde.

In die Mitte der Steine legst du erst mal viele kleine, dünne Äste. Darüber kommt der sogenannte Zunder aus trockenem Laub oder Baumrinde. Aus dünnen Ästen und kleinen Holzstücken baust du nun **eine Pyramide über dem Zunder.** Vielleicht lässt du dir dabei wieder von einem Erwachsenen helfen, denn das ist ganz schön schwierig. An einer Seite muss **ein Loch** freibleiben, um die kleinen Äste in der Mitte später anzuzünden.

Sobald das Feuer lodert, kommen die dickeren Äste dazu. Die lässt du aber bitte wieder einen Erwachsenen ins Feuer legen. Und zur Sicherheit hältst du **einen Eimer voll Wasser oder eine alte Decke** neben dem Feuer bereit, um zu löschen, falls es nötig sein sollte.

Leckereien am Lagerfeuer

Stockbrot

Was gibt es Besseres, als sein eigenes Stockbrot über dem Feuer zu backen?

Dazu brauchst du:
- **1 langen Stock**
  (welchen, erfährst du etwas weiter unten)
- **Stockbrotteig**

Denk dran, dass du den Stockbrotteig rechtzeitig vor eurem Lagerfeuer-Abenteuer vorbereitest.

Zutaten für Stockbrot-Teig:
- **1 kg Dinkelmehl**
- **1 Würfel frische Hefe**
- **500 ml Wasser**
- **3–4 EL Olivenöl**
- **1 TL Salz**
- **Kräuter, mit denen du den Teig würzen kannst**

Alle Zutaten gibst du in eine Schüssel und knetest sie kräftig mit deinen Händen durch. Die müssen dazu natürlich ganz sauber sein. Der Teig soll geschmeidig sein, aber fest, dann ist er fertig geknetet. Jetzt muss der Teig eine Stunde an einem warmen Platz gehen, das heißt, er muss in Ruhe gelassen werden. Am besten deckst du ihn dazu mit einem Leinentuch ab. Und dann ist er auch schon fertig.

Und natürlich brauchst du einen langen Stock. **Hasel-, Buchen- und Weidenäste eignen sich am besten für Stockbrot.** Bambus und Fichte

brennen zu schnell. Giftig dürfen Äste fürs Stockbrot natürlich nicht sein, deshalb **Finger weg von Eibe und Holunder!** Der Stock sollte möglichst gerade sein. Und dann musst du ihn einmal ordentlich abputzen.

Für das Stockbrot reißt du dir etwa eine Handvoll Teig vom Teigklumpen ab und wickelst ihn **gleichmäßig dick** um die Spitze deines Stockes.

Dann hältst du den Stock mit dem Stockbrotteig über das Feuer. **Auf keinen Fall ins Feuer halten, denn dann wird der Teig außen schnell schwarz,** während er innen noch ganz weich ist. Am besten hältst du den Stock einige Zentimeter vom Feuer entfernt und **drehst ihn ab und zu, damit der Teig von allen Seiten gleichmäßig gebräunt wird.** Es dauert übrigens bestimmt zehn Minuten, bis dein Stockbrot fertig ist. Du brauchst also etwas Geduld und Armmuckis.

Marshmallow-Sandwich

Dazu brauchst du:
- Marshmallows
- 1 Tafel Zartbitterschokolade, in Stücke gebrochen
- Butterkekse
- den Stock vom Stockbrot oben

Leg ein Stück Schokolade auf einen Butterkeks. Steck jetzt ein Marshmallow auf deinen Stock und **halte ihn so wie beim Stockbrot über das Feuer, bis das Marshmallow goldbraun ist.** Dann streifst du das Marshmallow mit einer Gabel vorsichtig vom Stock, direkt auf die Schokolade, und deckst es mit einem zweiten Butterkeks zu. Fertig! Und jetzt lass dir das Sandwich schmecken!

Nur **Vorsicht,** die Marshmallows können innen sehr heiß sein. Und sie sind sehr flüssig, wenn sie heiß sind.

Und **zu trinken** schmeckt am Lagerfeuer besonders gut: Tee aus der Thermoskanne oder selbst gemischte Fruchtschorlen.

Barfußpfad draußen

Das brauchst du:

Du kannst selbst auf die Suche gehen, was du in der Natur alles findest, was deinen Füßen gefallen könnte. Dazu kannst du in eurem Garten schauen, im Park, im Wald, auf der Wiese:

- längere Stöcke zur Begrenzung deines Barfußpfads
- Gras (wenn du den Pfad nicht sowieso auf dem Rasen baust)
- Blätter
- dünne Zweige (die werden „Reisig" genannt)
- Tannenzweige
- Tannenzapfen
- Rinde
- Moos
- Kieselsteine
- größere Steine
- Kastanien, Eicheln und andere Nüsse
- Wasser (in einer Schüssel)
- Sand (in einer Schüssel)
- Matsch (machst du aus Sand und Wasser, auch in einer Schüssel)
- Balancierstock

Den lieben langen Tag stecken unsere Füße in Schuhen. Darum ist es besonders schön für unsere Füße, wenn sie mal so richtig den Untergrund spüren dürfen. Das bringt am meisten Spaß mit einem Barfußpfad. Das ist ein Weg, den deine Füße entlanggehen, auf dem ganz viele verschiedene Materialien zu finden sind.

Wenn du alles beisammenhast, suchst du dir einen Platz aus, **wo dein Pfad entlangführen soll.** Gute Orte sind der Rasen oder die Terrasse (es geht aber natürlich auch auf dem Balkon).

Dann überleg dir, **in welcher Form** du den Weg anlegen willst: als gerade Strecke, im Kreis, in Schlangenlinien? **Wie lang** soll er sein? Leg die Stöcke als Begrenzung.

Und nun beginn einfach mit irgendeinem Material, zum Beispiel Rinde, das du gesammelt hast, und leg alles davon nebeneinander **zwischen die Begrenzungsstöcke,** bis es aufgebraucht ist. Dann folgt das nächste Material, zum Beispiel Zapfen oder Sand. Es ist praktisch, mit Wasser aufzuhören, dann sind deine Füße auch gleich sauber am Ende des Barfußpfads.

Lass dir Zeit beim Bauen deines Barfußpfads – und wenn es eine Woche dauert: kein Problem! Dafür hast du dann richtig tolle Sachen zusammen, die deine Füße erspüren können.

Und dann geht's richtig los: **Schuhe und Strümpfe aus und rauf auf den Barfußpfad mit deinem Balancierstock in der Hand!** Genieße jede einzelne Station und gib deinen Füßen Zeit, alle Untergründe bis in die Zehenspitzen zu erspüren: weich, hart, rau, pieksig, kitzlig, kalt, warm, nass, trocken ...?

Wenn du ein paar Runden gegangen bist, kannst du auch mal die Augen schließen und raten, worauf du gerade stehst.

Barfußpfad drinnen

Ist das Wetter
schlecht oder hast du
keinen Garten, in dem du deinen
eigenen Barfußpfad bauen kannst? Du
kannst genauso gut auch drinnen einen
Barfußpfad anlegen. Und da gibt's noch
mal ganz andere spannende Dinge, die deine Füße erspüren dürfen. Aber natürlich
kannst du auch alles nehmen, was man
draußen findet (dazu blätterst du
einfach eine Seite zurück).

Drinnen gibt es vielleicht noch
das hier zu entdecken:
• zusammengeknülltes Papier
• Decken
• Kissen
• Murmeln (in einer Schale)
• Korken
• Schwämme (Geschirrschwamm,
  aber auch einen Topfreiniger, das
  sind diese silbernen, harten)
• Lappen (zum Tischabwischen,
  Waschlappen, Wischlappen)
• Mehl in einer Schüssel
• Säckchen mit Reis
• lange Stöcke, Schnüre oder Tücher
• Balancierstock

Und jetzt legst du dir deinen Weg in deinem Zimmer oder einem großen Raum, der nicht gleich wieder freigeräumt werden muss (besprich das am besten einmal mit Mama oder Papa, nicht, dass du dir viel Mühe machst und dann gleich alles wieder wegräumen musst). **Räum den Boden in diesem Raum erst einmal gründlich auf,** damit du Platz hast für deinen Barfußpfad. Und dann starte **mit irgendeinem Material und leg eines nach dem anderen an.** Auch hier kannst du den Weg an den Seiten mit langen Stöcken begrenzen oder mit langen Schnüren oder zu langen Würsten gedrehten Tüchern.

Wenn du fertig bist, lad doch auch deine Eltern dazu ein, eine Runde auf dem Barfußpfad zu wandern: **Hausschuhe und Socken aus und Balancierstock her – los geht's!**

Besonders spannend ist es, wenn ihr dabei die Augen schließt und ratet, worauf ihr gerade herumspaziert.
Viel Spaß!

Ertasten und erraten

Lass auch mal deine Hände etwas erspüren und ertasten. Es geht alles, was du für deinen Barfußpfad gesammelt hast, und noch mehr, weil du ja nicht drauftrittst. Zum Beispiel leere Schneckenhäuser oder Muscheln. Was du noch brauchst, ist ein Säckchen (es geht auch ein Jutebeutel). Jetzt lässt du deine Mama oder deinen Papa etwas aus deiner Sammlung darin verschwinden. Augen zu und rein mit der Hand. Fühl, was es ist! Tannenzapfen, Kastanien, Kräuter oder Baumrinde? Vielleicht lässt es sich sogar erschnuppern …

DIY

Schnitzeljagd
draußen

Hast du schon mal eine Schnitzeljagd mitgemacht? Dann weißt du, wie spannend das ist und wie viel Spaß es bringt. Wie wäre es, wenn du selbst eine vorbereitest?

Was du brauchst:
- **1 Schatztruhe oder Schatzkiste (ein kleiner Karton, den du mit Goldpapier beklebst)**
- **einen Schatz (das können zum Beispiel Murmeln sein, Muscheln, etwas kleines Selbstgebasteltes oder natürlich Bonbons)**
- **Papier für die Hinweise**
- **Stifte**

Jetzt suchst du dir in eurem Garten (oder einem nahen Park, dann aber zusammen mit deinen Eltern) **einen Platz aus, wo der Schatz versteckt werden soll:** hinter einem Baum, unter Baumrinde, im Blumenbeet, unter einem umgestülpten Eimer ...

Nun überleg dir, **wo die Schnitzeljagd beginnen soll:** Vielleicht an eurer Haustür?

Sieh dir genau an, **was dir auf dem Weg zum Schatz alles begegnet:** der Briefkasten, ein Vogelhäuschen, eine Schubkarre, ein Blumenbeet ... Such dir ein paar dieser Dinge aus (nicht mehr als zehn) und überleg dir, **was für Hinweise es braucht,** um sie zu erraten (für den Briefkasten zum Beispiel einen Brief, für das Vogelhäuschen einen Meisenknödel, für die Schubkarre Gartenhandschuhe oder einen Spaten und für das Blumenbeet eine Gießkanne).

Such nun die Hinweise, **die deine ausgewählten Dinge auf dem Weg zum Schatz beschreiben,** zusammen.

Du beginnst mit der Haustür, wenn das der **Start** sein soll. Dort versteckst du den Hinweis auf den nächsten Punkt (vielleicht den Briefkasten). Wenn der Weg danach zum Vogelhäuschen führen soll, finden deine Freunde dann am Briefkasten einen Meisenknödel. Wenn sie das Vogelhaus erraten haben und dort angelangt sind, entdecken sie den Spaten, und so weiter.
Aber mach es ihnen nicht zu leicht: **Versteck die Hinweise an den Orten gut!**

Am Ende führt der letzte Hinweis zum Schatz. Wenn der hinter einem Baum versteckt ist, ist das vielleicht ein Blatt von diesem Baum.

Und jetzt: Viel Vergnügen beim Spurenlegen!

Schnitzeljagd drinnen

Sei nicht traurig, wenn du im Winter Geburtstag hast: Natürlich kann man eine Schnitzeljagd auch drinnen machen. Dazu suchst du dir mit deinen Eltern die Räume aus, in denen ihr herumschnuppern dürft.

Dann überlegst du dir auch hier, **wo der Schatz versteckt sein soll.** Und suchst dir die Dinge aus, die auf dem Weg dahin liegen. Dabei muss es in der Wohnung kein gerader Weg sein. Am lustigsten ist, **wenn deine Freunde kreuz und quer durch die Wohnung laufen müssen,** um den Schatz zu finden.

Losgehen kann es zum Beispiel im Wohnzimmer. Dort liegt die Fernbedienung auf dem Tisch. Also werden deine Freunde als Nächstes am Fernseher nach einem weiteren Hinweis suchen. Dort ist vielleicht irgendwo ein Lockenwickler oder eine Bürste versteckt: ab ins Badezimmer. Passt nur darauf auf, **dass ihr nicht zu stürmisch seid** und teure oder zerbrechliche Gegenstände kaputtmacht in eurem Sucheifer (wie den Fernseher oder einen Badezimmerspiegel).

Am besten versteckst du den Schatz am Ende in deinem Zimmer, weil du schließlich das Geburtstagskind bist. **Such dir dort aber einen richtig schwierigen Ort aus,** damit deine Freunde schön lang suchen müssen.

Du kannst deiner Schnitzeljagd auch ein **Motto** geben, zum Beispiel „Zirkus" oder „Ritterburg". Ihr könnt euch **verkleiden** und du kannst **die Wohnung passend schmücken.**

DIY

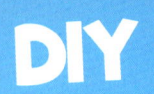

Drachen bauen und steigen lassen

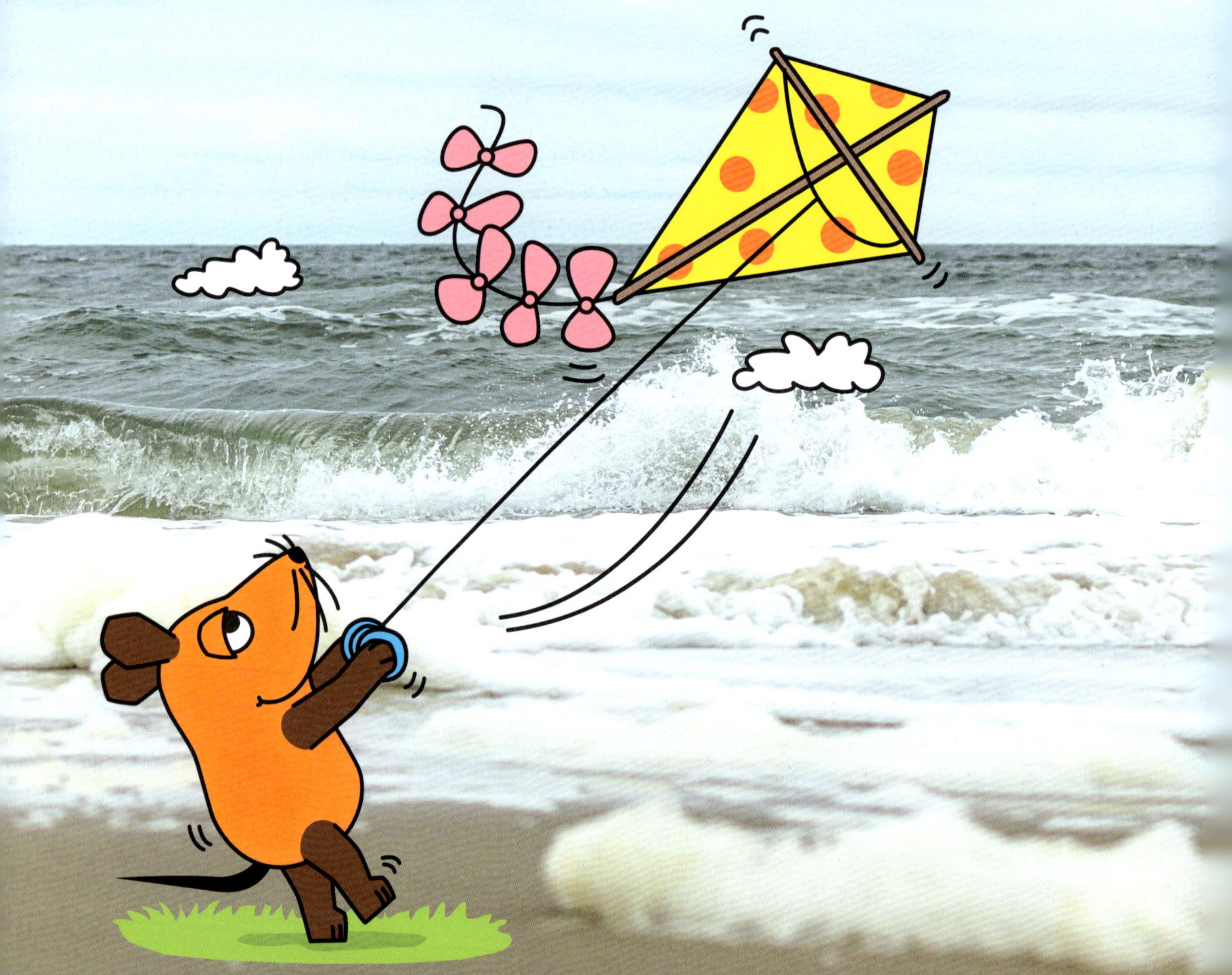

Wenn's draußen so richtig schön herbstlich wird und der Wind weht und bläst, dann ist DRACHENZEIT! Hier erfährst du, wie man einen Drachen selbst bastelt. Und ihn die Luft bekommt.

Dazu brauchst du:
- **2 Rundstäbe**
  (60 + 44 cm lang, 4 mm Durchmesser)
- **1 kleine Säge**
- **Stift/Lineal**
- **Schere**
- **Band**
- **Drachenpapier (aus dem Papierladen)**
- **Klebstoff**
- **Schlüsselring**
- **Lenkschnur (ca. 5 m lang) mit Griff**
- **buntes Krepppapier**
- **farbiges Klebeband (Washi-Tape)**

Und so geht's:

Lass von einem Erwachsenen in jedes Ende der Rundstäbe eine Kerbe sägen. Dann bindest du die beiden Stäbe mit einem Stück Band **zu einem Kreuz** zusammen. Der kürzere Querstab liegt auf 48 cm Höhe. Dann führst du **von Stabende zu Stabende** das Band als Verspannung und befestigst es.

Leg das Kreuz nun auf das Papier und zeichne **von Eckpunkt zu Eckpunkt** eine Linie, sodass deine Drachenform entsteht. Du musst etwa 2 cm Überstand mitrechnen, die brauchst du gleich zum Verkleben. **Schneid den Drachen aus.**

denn den kann man verstellen. Der Drache sollte später im Gleichgewicht sein, wenn du ihn am Ring hochhältst. Ist er es nicht, schieb den Ring so lange am Band hin- und her, bis der Drache gerade hängt. **An den Schlüssel-ring knotest du die Lenkschnur.**

Schlage den Überstand des Drachenpapiers um die Verspannung und **klebe es fest.**

Jetzt brauchst du ein ca. 90 cm langes Stück Band, in dessen Mitte du den **Schlüsselring** knotest. Mache das mit einem **Buchtknoten,**

Und so geht's: Buchtknoten

Nimm das Band so in die Hand, dass es eine Schlaufe bildet, und steck diese durch den Ring. Dann führst du die Schlaufe einmal um den Ring herum zum Anfang der Schlaufe und ziehst fest.

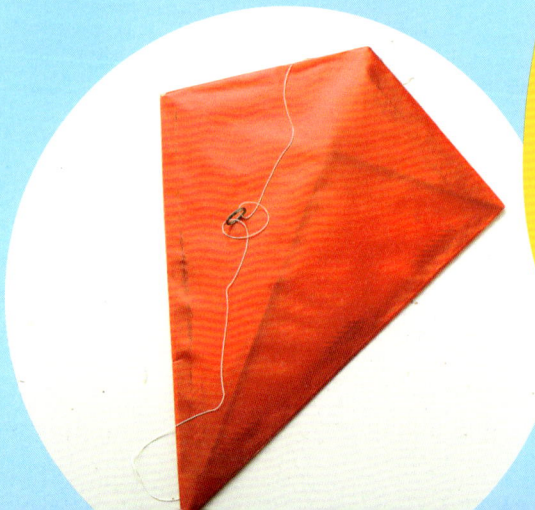

Für den Drachenschwanz schneidest du **quadratische Stücke Krepppapier** zu und umwickelst sie jeweils in der Mitte mit einem Stück Band. Die Schleifen bindest du hintereinander **an ein langes Stück Band** und knotest es unten an den Längsstab. **Je länger der Schwanz, umso besser fliegt dein Drache in der Luft.**

Damit nichts mehr einreißen oder verrutschen kann, **umklebst du alle Ecken mit Washi-Tape.** Das sieht auch so schön aus!

Und jetzt geht's los!

Drachensteigenlassen ist Übungssache. Lass dich nicht entmutigen, wenn's nicht beim ersten Mal klappt! Am besten probierst du es zusammen mit einem Freund oder einer Freundin aus!

Wähl einen Ort aus, der **frei von hohen Hindernissen** ist, in denen sich dein Drache verfangen könnte. Stell dich so hin, **dass du den Wind im Rücken spürst.**

Der Start ist immer das Schwierigste: Bitte deinen Freund oder deine Freundin, deinen Drachen in die Höhe zu halten. Mach jetzt **ein paar schnelle Schritte rückwärts und lass dabei vorsichtig Leine,** das heißt, dass du die Lenkschnur etwas abwickelst vom Griff. So viel, bis der Schwanz in der Luft schwebt.

Dass der Drache von selbst fliegt, merkst du daran, dass er an der Leine zieht. Wenn du jetzt leicht an der Leine ziehst, steigt er höher hinauf. Zum Landen wickelst du die Leine einfach wieder ein.

Wir bauen uns ein Tipi

Was ist ein Tipi?

Ein Tipi ist ein Indianerzelt. Die echten Tipis waren mit Büffelhäuten verhängt, weil die wetterfest waren und keinen Wind durchließen. Viele Indianerstämme zogen auf der Suche nach Nahrung umher. Für die waren die Tipis sehr praktisch, weil sie leicht mitzunehmen und schnell aufgebaut sind.

Wenn du gern viel draußen bist, wäre es doch schön, einen Unterschlupf zu haben, in dem man mal verschnaufen kann oder der einem Schutz bietet, wenn es regnet. Hier lernst du, wie man ein Tipi baut – einen besonders wetterbeständigen Unterschlupf!

Das brauchst du:
• 6 lange oder mittellange Äste (mindestens so groß wie du selbst)
• 2 kurze Seile
• Decken, Tücher, Bettlaken oder Tischdecken
• Wäscheklammern

Im Wald findest du eine Menge Äste zum Bauen deines Tipis. Such dir **sechs schön dicke, lange oder mittellange Äste aus,** je nachdem, wie groß dein Tipi werden soll. Draußen darf es natürlich bis in den Himmel reichen, aber zu Hause sollte es vielleicht nur etwas größer sein als du selbst. **Wichtig ist, dass die Äste ungefähr gleich lang sind.**

Wenn du alle Äste beisammenhast, stellst du **drei von ihnen mit ihren Enden oben so gegeneinander, dass sie ein Dreieck bilden.** Dann bindest du sie oben mit **einem der beiden Seile** fest zusammen. Lass dir dabei am besten von einem Erwachsenen helfen, die Äste rutschen schnell mal weg.

Lehn nun jeden der übrigen drei Äste in eine Lücke zwischen die bereits stehenden und binde alle sechs Astenden mit dem zweiten Seil fest zusammen. Jetzt hängst du Bettlaken, Tücher oder (Tisch-)Decken so darüber, dass **die Äste ganz umhüllt sind.** Am besten geht das von oben nach unten. Wenn du mehrere Decken und Tücher benutzt, **klammere sie mit den Wäscheklammern zusammen.** Und denk dran: An einer Seite musst du einen Spalt offen lassen, das ist dein Eingang.

Ein Tipi kannst du übrigens auch in deinem Zimmer bauen.

Für Bastler & Tüftler

Was es in der Natur alles gibt: Äste, Moos und Baumrinde, Steine, leere Schneckenhäuser, bunte Blätter, Blüten, Federn und Kastanien ... Damit lässt sich so viel Tolles basteln und bauen – drinnen und draußen.

Erkundungstour:
Sammeln, basteln & bauen

Der April macht, was er will

Du kennst das bestimmt: Im Frühling kann es manchmal schon richtig warm sein und es macht Spaß, endlich wieder länger im Freien zu spielen und tolle Dinge zum Basteln und Bauen zu sammeln. Und am nächsten Tag stürmt es dann plötzlich, es regnet und windet und manchmal gibt's sogar noch mal Schnee!

Damit du draußen nicht von diesem unbeständigen Wetter überrascht wirst, kannst du natürlich den Wetterbericht hören. Oder aber du wirst selbst zum Wetterfrosch und machst deine eigene Wettervorhersage. Alles, was du dazu brauchst, ist eine selbst gebastelte Wetterstation. Wie du diese machst, erfährst du auf Seite 78.

Wenn es draußen mal wieder länger regnet, hol dir einfach den Frühling nach drinnen: Leg dazu all deine gesammelten Schätze (das können frisch gesammelte Dinge aus der Natur, aber auch von drinnen sein oder die gepressten und getrockneten Blüten vom letzten Sommer, schau dazu auch mal auf Seite 34) vor dich hin, schau sie durch, sortier sie und wähle ein paar besonders schöne davon aus.

Suche dir nun einen Ort aus, an dem du deine Schätze auslegen kannst: Das kann die Fensterbank sein, eine Kommode oder ein Regalbrett. Als Unterlage ist ein buntes Tuch schön, ein großes Holzbrett oder ein Tablett. Für einen frischen Farbtupfer sorgt eine Frühlingsblume im Topf.

Erkundungstour:
Sammeln, basteln & bauen

Wie die Sonne unseren Tag bestimmt

Wenn du fragst „Wie spät ist es?", schaut jeder auf die Uhr, richtig? Was macht man aber, wenn mal keine Uhr da ist? Schon vor mehr als 4000 Jahren, als es noch laaange keine Armbanduhren und Handys gab, haben die Menschen mithilfe der Sonne die Zeit abgelesen. Sie haben sich dafür Sonnenuhren gebaut. So eine Sonnenuhr zeigt die Tageszeit mithilfe des Schattens an, der durch das Sonnenlicht auf das Ziffernblatt geworfen wird.

Die Sonnenuhr

Du brauchst:
- **12 kleine Steine**
- **1 schwarzen Filzstift**
- **1 Stock (ca. 50 cm lang)**

Und so geht's:
Auf die Steine schreibst du jeweils eine Zahl von 1 bis 12. Dann steckst du den Stock so gerade wie möglich in die Erde.

Schau jetzt zu irgendeiner vollen Stunde auf deine Armbanduhr und leg dann den Stein mit der entsprechenden Zahl genau ans Ende des Schattens, den der Stock zu der Zeit gerade wirft.

Leg drum herum in einem Halbkreis nun alle anderen Steine in der richtigen Reihenfolge und im immer gleichen Abstand. Fertig ist deine Sonnenuhr!

Zwei Herausforderungen gibt es allerdings: Sie funktioniert nur, wenn die Sonne scheint, und du kannst sie nicht einfach überallhin mitnehmen.

Auch im Srand-
urlaub kannst
du ganz fix eine
Sonnenuhr
bauen.

Erkundungstour:
Sammeln, basteln & bauen

Schätze horten wie das Eichhörnchen

Im Herbst füllen die Tiere, die keinen Winterschlaf halten, ihre Vorratskammern auf. Auch du kannst Eichhörnchen spielen, aber statt Futter sammelst du Material aus der Natur für die dunklen Monate. So hast du immer genug Dinge, um etwas Spannendes zu basteln.

Mach doch an einem schönen Herbsttag einen Spaziergang im Wald. Hier findest du jetzt bunte Blätter, Moose und Baumrinde, Äste und sicherlich auch den ein oder anderen Baumpilz. Da sei aber vorsichtig, denn es gibt Pilze, die giftig sind. Frag am besten deine Eltern, welche du mitnehmen darfst.

Du kannst natürlich auch in eurem Garten auf die Suche gehen: Verblühte Blumen, Stängel, unbewohnte Schneckenhäuser und kleine Steine findest du sicherlich auch hier. Lege alle deine Schätze auf etwas Zeitungspapier und lass sie gut trocknen. Jetzt hast du ein richtig schönes „Materiallager" zum Basteln und Bauen.

Moose beobachten

Sammle bei deinem nächsten Waldspaziergang verschiede Moose ein. Vielleicht findest du auch Steine oder Rindenstücke, an denen Moos haftet.

Zu Hause füllst du ein großes Glas mit einer Schicht Kies, darüber eine Schicht Blumenerde und legst dann deine Moose darauf. Die Mooslandschaft wird mit Wasser besprüht und das Glas mit einem Deckel oder einer Folie verschlossen. Allerdings braucht es kleine Löcher, damit Luft reinkommen kann. Mit einer Lupe kannst du jetzt jede Woche beobachten, wie deine Mooslandschaft wächst und sich verändert.

Erkundungstour:
Sammeln, basteln & bauen

Winterzeit ist Bastelzeit

Wenn die Tage kurz sind und oft auch kalt und grau – was kann da gemütlicher sein, als zu Hause am erleuchteten Küchentisch zu sitzen (oder am eigenen Basteltisch) und zu basteln, was das Zeug hält?! Genug Material gesammelt hast du ja auf deinen Entdeckungstouren durch die Jahreszeiten. Jetzt kannst du deine Ideen ausprobieren! Du kannst mit deinen Schätzen euer Zuhause weihnachtlich „schmücken". Vielleicht hast du noch deinen Ort aus dem Frühjahr (siehe Seite 70): Darauf kannst du jetzt zum Beispiel ein paar Tannen-, Fichten- oder Kiefernzapfen auf ein weißes Tuch (das ist dein Schnee) stellen. Toll sieht es aus, wenn du die Zapfen mit gut deckenden Wasserfarben bemalst. Du kannst auch noch eine Zwergenhöhle oder einen Unterschlupf für Tiere für den Winter aus Steinen, Baumrinde und Stroh bauen. Wenn du jetzt noch eine Kerze auf dein „Jahreszeitentischchen" stellst und eine passende, winterliche Postkarte, hast du einen schönen Ort, an dem alle deine Schätze bewundern können. Es kann natürlich immer etwas dazukommen oder auch mal ausgetauscht werden.

Nach dem Dekorieren hast du dir eine Tasse heiße Schokolade verdient!

Werd zum Wetterfrosch!

Um dir deine eigene Wetterstation zu bauen, brauchst du:

- 1 kleines Brett
- 1 großen Kiefernzapfen (er sollte in einem warmen Raum aufbewahrt werden, damit seine Schuppen sich öffnen – das tun sie bei Wärme nämlich)
- etwas Knete
- 1 dünnes, gerades Stöckchen
- Klebstoff
- 1 Eichelhut
- Acrylfarbe oder/und Buntstifte
- 3 runde Holzplättchen

Und so geht's:

Stell den Zapfen **gerade** auf einem Stück Knete (damit er nicht umfällt) auf das Brett. Kleb nun den Eichelhut auf das dünne Stöckchen und dieses auf eine der seitlichen Schuppen des Zapfens. **Das ist der Pfeil, der sich später nach oben oder unten bewegt,** je nachdem, ob das Wetter gut (nach unten) oder eher schlecht (nach oben) wird. **Bemal die drei Holzplättchen:** eines mit einer Sonne, eines mit einer hellblauen Wolke, eines mit einer dunkelblauen Wolke und Regen.

Stell deinen Zapfen samt Brett nun **nach draußen vor eine Wand an eine trockene Stelle** (die Hauswand oder du stellst einfach ein Brett hinter deinem Zapfen auf) und **beobachte das Wetter:** An einem sonnigen Tag klebst du das Plättchen mit der Sonne genau dorthin, wohin das Eichelhütchen zeigt, an einem regnerischen Tag das Plättchen mit der Regenwolke und an einem bewölkten Tag das Plättchen mit der hellblauen Wolke dorthin, wohin das Stöckchen zeigt. Fertig ist deine Wetterstation!

Wie funktioniert die Station?

Kiefernzapfen öffnen ihre Schuppen bei warmem, trockenem Wetter, weil ihre Samen nur dann eine gute Chance haben, zu keimen. **Darum gehen die Schuppen weit auf, wenn die Sonne scheint: Der Stock sinkt nach unten und zeigt auf das Sonnen-Plättchen.** Je schlechter das Wetter ist, also feucht und kalt, umso weiter schließt sich dein Kiefernzapfen, weil er seine Samen nicht verschwenden will, wenn sie sowieso nicht gut wachsen können. Und umso weiter nach oben zeigt dann auch das Stöckchen an deiner Station.

So schlau ist die Natur!

So legst du einen Mini-Garten an

Wenn draußen die Farben mehr und mehr schwinden und es auch den ein oder anderen Regentag gibt, kannst du deine Schätze aus der Natur hervorholen und auf dem Küchentisch ausbreiten. Und dann kannst du auch schon mit dem Bau deines Mini-Gartens starten.

Dazu brauchst du:

- „Grundstück" (zum Beispiel eine quadratische Sperrholzplatte, etwa 20 x 20 cm, es geht aber auch ein kleines Tablett, das nicht gebraucht wird, eine ausgediente Auflaufform oder eine Holzplatte, ein Brett)
- **gesammelte Schätze,** zum Beispiel Kastanien, Bucheckern-Hütchen, Eicheln, Baumrinde, Moos, Beeren, vielleicht noch an ihren Zweigen, Zapfen, Stöckchen, Steine, Muscheln, Lampionblumen …
- **Bewohner** (das können kleine Zwerge sein, kleine Holz- oder Kunststofftiere, aber auch deine Dinos)
- evtl. einige kurze Aststücke/Zweige und etwas Blumendraht

Und jetzt geht es los! Auf die Unterlage, also dein „Grundstück", legst du am besten erst mal **eine Schicht Moos**. Hier und da kannst du **einen Stein dazwischensetzen,** wie einen kleine Hügel oder gar Felsen, je nach Größe.

Schön ist, wenn du ein größeres Stück Baumrinde hast, das ist ein gutes Dach für eine kleine Hütte oder einen Stall. Die Seitenwände können Holzklötze sein oder auch größere Steine. Oder du baust dir aus ein paar kleinen Ästen **einen Zaun** um deinen Garten. Dafür die Aststücke mit **Draht miteinander verbinden** (hier kann dir vielleicht ein Freund oder ein Erwachsener helfen).

Jetzt steckst und legst du deine **anderen Schätze auf dein Mini-Gärtchen.** Und am Ende kannst du die Bewohner in ihren neuen Garten einziehen lassen, wenn du das möchtest. Er kann aber natürlich auch nur für dich zum Angucken sein. Oder ein Geschenk für Mama oder Papa.

Wer hat den grünen Daumen und warum?

Wenn jemand besonders gut mit Pflanzen umgehen kann, alles, was er sät, gedeiht und jeder Obstbaum Früchte trägt, sagt man, er hat einen grünen Daumen. Dafür muss man natürlich viel Zeit im Garten verbringen und macht sich dabei auch die Hände schmutzig. Ja, und dann werden die Finger eben braun von der Erde und grün von den Pflanzen. Und daher kommt der grüne Daumen.

Wandbild wechsle dich!

Wenn es dir in eurem Zuhause zu wenig bunt ist, hol dir die Frühlings-, Sommer- oder Herbstblumen doch einfach nach drinnen! Hier kommt eine Superidee, wie du sie besonders schön zur Geltung bringen kannst.

Dazu brauchst du:
• **1 Wollknäuel in einer schönen Farbe**
• **1 v-förmigen Ast**
• **Schere**
• **Blätter**
• **bunte Blumen**
• **Tannenzapfen**

Und los geht's:
Wickle den Wollfaden um das untere Ende des Astes, da, wo du ihn festhältst, **sodass das V nach oben zeigt.** Ruhig ein paarmal, das sieht toll aus! Dann knot ihn fest.

Jetzt spannst du die Wolle von dem festgebundenen Ende **nach oben zu einem der beiden Astenden,** die das V bilden. Auch da wickelst du den Faden ein paarmal herum und knotest ihn dann fest. An dieser **großen Schlaufe** hängst du dein Wandbild später auf. Achtung: Den Faden noch nicht abschneiden!

Dann spannst du den Wollfaden rüber zum anderen „V-Ast" und wickelst ihn dort einmal herum. Jetzt führst du den Faden wieder rüber zum anderen „V-Ast", wickelst ihn auch da einmal herum und spannst ihn wieder auf die andere Seite. **Das machst du ein paarmal: hin und her, hin und her.** Dabei wanderst du immer ein bisschen weiter nach unten mit dem Faden, bis du am „Hauptast" angekommen bist, also da, wo das V zusammenläuft.

Hier wird der Faden festgeknotet und darf jetzt auch abgeschnitten werden. Zwischen deinen hin- und hergespannten Wollfaden steckst du nun deine gepflückten Blumen, die Blätter und die Tannenzapfen. Das Tolle ist: Du kannst dein Wandbild, wenn die Blumen verblüht sind, immer wieder **neu bestücken** und so ist es nie langweilig anzuschauen!

Wir bauen uns ein Insektenhotel

Wie du schon auf Seite 30 lesen konntest, brauchen wir die Wildbienen zum Bestäuben unserer Pflanzen, damit etwas an ihnen wachsen kann. Aber auch andere Insekten sind sehr wichtig für die Natur, zum Beispiel fressen sie Schädlinge und deren Larven, die sonst den Pflanzen schaden würden. Nur leider sind die Insekten wie Wildbienen, Hummeln oder Florfliegen (das sind diese gaaanz zarten, länglichen, hellgrünen mit den durchsichtigen, hübschen Flügeln) gefährdet, weil sie immer weniger Orte haben, an denen sie überwintern können oder wo sie geschützt ihre Eier ablegen können.

Bau doch ein Insektenhotel in eurem Garten oder auf eurem Balkon, um unseren kleinen Freunden zu helfen!

Dazu brauchst du:
- 4 Holzbretter
  (so breit wie die Kiste, ca. 2 cm dick)
- 1 Obstkiste oder alte Schublade
- ca. 14 Holzschrauben (ca. 5 cm lang)
- evtl. Holzleim
- Akkuschrauber
- mehrere Bambusstangen (ca. 80 cm lang,
  die bekommst du im Baumarkt)
- mehrere dünne und dickere Äste
  (alternativ mehr Bambusstangen)

- 1 ein kleines Tontöpfchen (Baumarkt) oder
  1 kleines Holzbrett mit Loch
- zum Beispiel Holzwolle, Stroh, trockenes
  Gras, Tannen- und Kiefernzapfen
- **Drahtgeflecht**
- **Gartenschere**

Als Variante oder zusätzlich:
- **6er-Eierkarton**
- **rote Farbe**

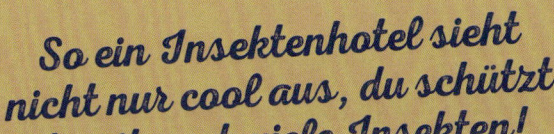

So ein Insektenhotel sieht nicht nur cool aus, du schützt damit auch viele Insekten!

1. Leg zwei der Bretter so zusammen, dass sie sich oben berühren (siehe Foto Seite 86). Sie bilden gleich das Dach unserer Kiste. Die Bretter werden mit Holzschrauben aneinandergebohrt oder mit Holzleim zusammengeklebt. Nun wird die Kiste mit einer schmalen Seite nach oben aufgestellt und das Dach daran festgebohrt. Das Bohren übernimmt vielleicht ein Erwachsener, aber du kannst die Bretter und die Kiste festhalten, dann rutscht nichts weg.

2. Nun kommen noch die anderen zwei Bretter als „Stockwerke" in dein Insektenhotel. Diese müssen erst entsprechend gekürzt und dann festgebohrt (oder geleimt) werden.

3. Schneid dann die Bambusstangen mit einer Gartenschere in der Länge so zu, dass sie in die Kiste passen.

4. Schneid jetzt die Äste mit einer Gartenschere in der Länge so zu, dass sie in die Kiste passen. In die dickeren bohrt ein Erwachsener kleine Löcher.

5. In den Tontopf Holzwolle stopfen oder Zapfen stapeln. Davor etwas Drahtgeflecht spannen. Alternativ später Zapfen in ein Stockwerk stapeln und das Holzbrett mit dem Loch davor festkleben.

6.

Du kannst auch einen 6er-Eier-karton nehmen. Mal ihn von der Unterseite mit roter Farbe an, die lockt die Insekten an. Stich dann ebenfalls auf der Unterseite mit der Schere ein kleines Loch in die Mitte jeder Erhöhung. Füll die Kammern von innen mit Stroh oder trockenem Gras und schließ den Karton. Du musst den Eierkarton so in deiner Obstkiste anbringen, dass die Unterseite des Eierkartons (also die rote Farbe und die Löcher) nach außen zeigen.

7.

Jetzt beginnt der Spaß: Du befüllst die Obstkiste mit deinen unterschiedlichen Nisthilfen. Zum Beispiel kannst du das ganze Stockwerk unterm Dach schön eng mit Holzwolle oder Stroh und Zapfen ausfüllen. Damit nichts herausfällt, spannst du etwas Drahtgeflecht darüber.

8.

In das Stockwerk darunter stapelst und schichtest du dann so viele Bambusstangen, wie hineinpassen. Darunter passen vielleicht die Äste oder der Eierkarton und wieder etwas Bambus oder aber Zapfen. Und ganz unten legst du den Tontopf so hinein, dass seine große Öffnung nach außen zeigt. Daneben passen Bambusstangen. Alternativ bedeckt ein Stockwerk das Holzbrett.

Fertig! Jetzt heißt es noch abwarten und Tee trinken, bis die ersten geflügelten Gesellen einziehen!

Gummistiefel-Blumentopf

Bevor ein Paar alte Gummistiefel weggeschmissen werden, mach daraus doch lieber einen witzigen Blumentopf!

Dazu brauchst du:
- **1 alten Gummistiefel (es gehen natürlich auch mehrere)**
- **1 spitzen Gegenstand (zum Löcherbohren)**
- **1 kleine Schaufel**
- **etwas Bioerde**
- **Blumen oder Pflanzensamen**

Als Erstes wird mit einem **spitzen Gegenstand** (zum Beispiel einem Kastanienbohrer oder einem Schraubenzieher) die Sohle des Stiefels an mehreren Stellen durchgebohrt. Durch diese Löcher kann das Wasser später besser ablaufen und die Erde und Wurzeln darin beginnen nicht zu faulen.

Jetzt kannst du den Gummistiefel mit einer kleinen Schaufel **mit Erde befüllen.**

Und dann geht's auch schon ans **Pflanzen oder Säen.** In den Gummistiefel kannst du übrigens auch deine Sonnenblume pflanzen oder aber Sonnenblumenkerne säen (wie auf Seite 25 erklärt). Die Samen steckst du mit dem Finger **etwa 1 cm tief** in die Erde. Falls du Blumen anpflanzen möchtest, setzt du diese in den Stiefel und füllst den Rest des Stiefels mit Erde auf.

Denk nur dran, dass du **die Samen zur richtigen Zeit pflanzt.** Das ist das Frühjahr oder der Spätsommer (dann kommen sie aber erst im nächsten Frühling). **Blumen einpflanzen kannst du das ganze Jahr über.** Wichtig ist dann, dass es die richtigen für die Jahreszeit sind, in der du pflanzen willst. Das erfährst du im Blumenladen.

Alles braucht noch **etwas Wasser** und fertig ist dein Gummistiefel-Blumentopf!

Was bedeutet „Upcycling"?

Wenn man aus Dingen, die man eigentlich wegschmeißen würde, etwas anderes, Neues macht, nennt man das „Upcycling". Bestimmt kennst du das Wort „Recycling", oder? Das ist Englisch und bedeutet, dass etwas, das Abfall ist, wiederverwertet wird, also das Material gereinigt und dann wieder benutzt wird. Und „Upcycling" heißt, dass man „Abfall" nicht nur wiederverwertet, sondern sogar schön macht.

Windspiel aus Muscheln

Ein Muschel-
windspiel ist eine
schöne Erinnerung
an den letzten Ur-
laub am Strand.

Ein Muschelwindspiel ist eine tolle Dekoration für den Balkon oder die Terrasse.

Dazu brauchst du:
• ca. 25 Muscheln mit einem Loch
  (das geht meist ganz leicht mit einer
  Reißzwecke, lass dir dabei von einem
  Erwachsenen helfen)
• 1 mittellangen Ast
• Schere
• 1 Kordel (ca. 3 m lang)

Und so geht's:
Wenn du magst, kannst du die Muscheln auch **innen bunt** bemalen.

Jetzt schneidest du von der Kordel **fünf etwa 50 cm lange Stücke ab** und machst unten jeweils einen Knoten hinein.

Zieh nun eine Muschel auf den Knoten. In einem Abstand machst du nun den zweiten Knoten und ziehst die zweite Muschel drauf. **Das machst du mit ungefähr fünf Muscheln,** je nachdem, wie viel Platz du auf der Kordel hast. Das wiederholst du für alle fünf Kordeln.

Wenn du alle Muscheln auf die Kordeln gezogen hast, **knotest du die fünf Kordeln mit einem Abstand von etwa 5 cm an den Ast,** damit die Muscheln im Wind nachher auch genug Platz haben, um sich hin und her zu bewegen. Mach am besten **einen Doppelknoten,** weil der Wind ja auch mal doller wehen kann. Nicht, dass deine Kordeln zu Boden fallen.

Zum Schluss knotest du noch **die Kordel** an die beiden Enden des Astes, an der du dein selbst gemachtes Windspiel draußen aufhängen kannst.

Blüten-Briefpapier

Du kannst Briefpapier aus Blüten und Blättern, die du getrocknet hast (wie du das machst, steht auf Seite 35), gestalten.

Dazu brauchst du:
• **getrocknete Blüten und Blätter**
• **ein paar Blatt Papier, das kann gern buntes sein**
• **Klebstoff**
• **Briefumschläge**

Und so geht's:
Leg die Blüten und Blätter, die du ausgewählt hast, auf ein Blatt Papier und betupf sie auf **ihrer Rückseite gaaaanz vorsichtig mit Kleber.** Achtung, sie können sehr leicht zerreißen.

Nun klebst du die Blüten und Blätter **auf das Papier,** zum Beispiel in eine der Ecken des Papiers oder am oberen oder unteren Rand. Du kannst zusätzlich mit Buntstiften auch Blumenmuster um den Rand des Papiers malen.

Ein paar Blätter des selbst gemachten Briefpapiers steckst du dann in einen Briefumschlag, **verzierst auch den hübsch mit Blüten und Blättern** und schreibst vielleicht „Briefpapier für dich" drauf. Das wird garantiert ein schönes Geschenk!

Du kannst auch einen schönen Faden ans obere Ende des Papiers kleben und daran Blumen befestigen. So wird daraus eine tolle Girlande!

Liebe Lisa
Ich freu mich ganz
ar... ... du mich
... ...
ei... ...

DIY

Adventskalender-
Tannenbaum

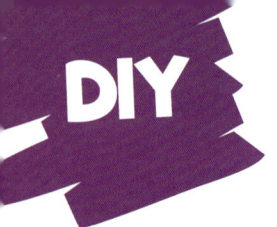

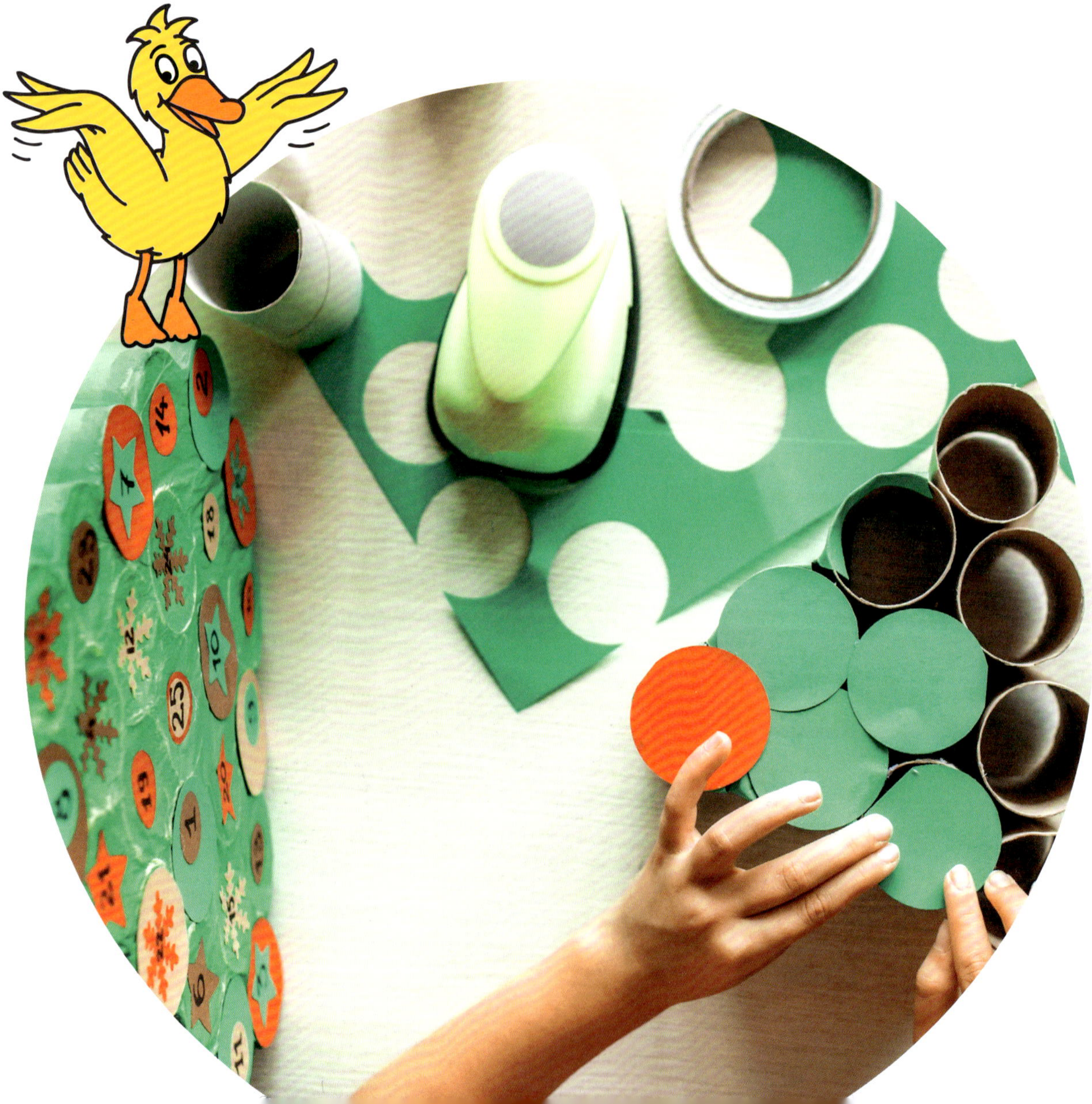

Aus Klopapierrollen kannst du einen richtig tollen Adventskalender basteln.

Dazu brauchst du:
• 27 Klopapierrollen
• 4–5 Bogen Tonpapier (davon 4 grün und 1 rot)
• Bleistift
• 1 weißen, silbernen oder schwarzen Stift
• evtl. 1 Schneeflocken-Stanze
• Schere
• grüne Farbe (am besten Wasserfarbe)
• Klebstoff
• 1 großes Stück Pappe (ca. 25 x 35 cm)

Dazu musst du erst mal **27 Rollen sammeln**. Also fange früh damit an, damit der Kalender rechtzeitig fertig ist. Der Adventskalender ist ganz schön viel Arbeit. Darum ist es besser, du machst ihn Stück für Stück.

Stell als Erstes eine Klopapierrolle mit der Kreisfläche nach unten auf ein Stück Tonpapier und **mal mit etwa 2 cm Abstand mit dem Bleistift einen Kreis um die Rolle.** Es ist nicht so wichtig, dass der Kreis ganz rund ist, er sollte aber größer sein als die Rolle. **Zeichne so insgesamt 27 Kreise auf das grüne und rote Papier.** Die Kreise schneidest du alle aus. Dann schreibst du jeweils die Zahlen von 1 bis 24 auf die Kreise. Oder du schneidest noch Sterne aus und stanzt Schneeflocken aus, auf die du die Zahlen schreibst. Drei Kreise kannst du verzieren, wie du willst.

Jetzt sind die Klorollen dran: Du malst sie mit Wasserfarben außen rundherum an. Lass sie auf einem Stück Zeitung gut trocknen.

Wenn sie getrocknet sind, **bestreichst du den oberen Rand der Klorollen von außen mit Kleber,** legst jeweils 1 Kreis mittig darauf und drückst ihn an den Seiten herunter, also auf den Kleber, und daran schön fest. **Das machst du mit allen 27 Klorollen und Kreisen.**

Nun klebst du für die unterste Reihe fünf Klorollen an den Seiten zusammen. **Die Zahlen sollten dabei alle in eine Richtung zeigen.** Darauf wird die nächste Reihe geklebt (mit 6 (!) Rollen). Dann geht es weiter mit 5, 4, 3 und 2 Rollen. Ganz oben liegt dann eine Rolle.

Die Tanne stellst du am Ende mit den offenen Klorollenenden auf die Pappe und zeichnest den Umriss darauf. Den schneidest du aus und legst ihn bereit. **Aber noch nicht aufkleben! Denn erst werden die 24 Kämmerchen von deinen Eltern befüllt.** Sie kleben dann bitte am Ende auch die Pappe von hinten auf den Kalender, damit du nicht heimlich reinschaust!

Für Genießer & Gartenfreunde

In diesem Kapitel erfährst du, welche Köstlichkeiten du finden kannst, um daraus leckere Rezepte zuzubereiten. Und du lernst auch, wie du etwas anbauen und ernten kannst und wann der richtige Zeitpunkt dafür ist.

Erkundungstour:
Säen, ernten, zubereiten

Säen, gießen, warten, staunen

Der Frühling ist die Jahreszeit, in der du deine Kräuter und dein Gemüse und Obst pflanzen und aussäen kannst, um es im Sommer und Herbst knackfrisch zu ernten. März oder April ist die beste Zeit, um deine Pflänzchen drinnen vorzuziehen. Dazu ziehst du die Samen in kleinen Blumentöpfen (es gehen auch leere Joghurtbecher oder eine Auflaufform) vor und pflanzt sie, erst wenn sie aus der Erde gekommen und etwas stärker geworden sind und – ganz wichtig – es keinen Frost mehr gibt, nach draußen. Das ist wahrscheinlich im Mai. Oder du stellst sie in ihren Pflanzgefäßen an die frische Luft und in das Sonnenlicht. Dazu müssen die Behältnisse nur groß genug sein, damit auch die gewachsenen Pflanzen später genug Platz haben.

Auf der nächsten Seite erfährst du, wie das von Anfang an bis Ende mit deiner eigenen Radieschen-Zucht geht. Radieschen reifen nämlich relativ schnell, sodass du nach ungefähr vier Wochen schon erste zarte Knollen ernten kannst. Das kommt aber auf die Sorte an. Weil Radieschen so schnell gedeihen, solltest du sie erst ab Mitte April vorziehen, weil du sie erst im Mai nach draußen setzen kannst.

Leere Klorollen eignen sich prima zum Aufziehen von Pflanzen.

Deine Radieschen-Zucht

Dafür brauchst du:
- **1 mittelgroßen Blumentopf (ca. 12–16 cm Durchmesser) mit Untersetzer oder Blumenkasten, leere Joghurtbecher, eine Auflaufform oder Ähnliches**
- **Bioerde**
- **Radieschen-Samen (die bekommt man im Gartencenter, aber auch in Drogerien oder man kann sie bestellen)**

Befülle den Blumentopf mit Erde. Drücke nun die Radieschen-Samen **mit einem Abstand von 1 Zentimeter in die Erde,** wenn du sie später nach draußen umpflanzen willst. Wenn sie in **dem Topf bleiben sollen,** brauchen sie einen Abstand **von etwa 4 Zentimetern.** Sie sollten etwa 1 Zentimeter tief in der Erde liegen.

Jetzt schön gießen! Das musst du auch regelmäßig tun, denn Radieschen sind sehr durstig. Achtung: **Die Erde sollte immer leicht feucht, aber nicht zu nass sein,** denn sonst gehen die Samen kaputt. Nach acht bis zehn Tagen wirst du schon die ersten Blätter aus der Erde hervorspitzen sehen. Was für eine Freude!

Such nun einen guten Ort für deine Radieschen aus, an dem sie **draußen weiterwachsen können.** Radieschen lieben helle, halbschattige Plätze im Garten oder auf dem Balkon.

Du kannst die Radieschen **zum Ernten** einfach an ihren Blättern vorsichtig aus der Erde ziehen. Kurz abwaschen reicht, denn es sind ja keine Schadstoffe an deinen Radieschen, und guten Appetit! Klein geschnitten auf ein Brot mit Frischkäse, sind sie sooo lecker! Aber Vorsicht: Einige Radieschen können richtig scharf sein.

Radieschen halten sich ein paar Tage im Gemüsefach des Kühlschranks, wenn du sie **in ein Stück feuchtes Küchenpapier einwickelst oder in den Gemüsebeutel packst.** Bevor du sie verputzt, leg sie eine Weile in Wasser, dann sind sie wieder ganz knackig. Übrigens kann man aus den Radieschenblättern eine feine Suppe zubereiten. Frag doch mal deine Mama oder deinen Papa, ob sie zusammen mit dir eine Suppe kochen.

Bunt, bunt, bunt sind alle meine Töpfe

Wenn du vorhast, deine Pflänzchen in ihren Behältnissen nach draußen zu stellen, ist es schön, wenn du die Töpfe, Schalen und Becher mit bunten Farben bemalst. Für Plastik brauchst du Acrylfarbe, damit sie hält und nicht verläuft. Für Ton geht auch gut Wasserfarbe aus dem Farbkasten.

DIY

Kürbis anpflanzen

Dazu brauchst du:
- 6 Kürbiskerne (aus einem Kürbis, den du vielleicht zu einer köstlichen Suppe verarbeitest; das Rezept dazu findest du auf Seite 136)
- 3 kleine Tontöpfe mit Untersetzer (zum Vorziehen)
- Bio-Blumenerde

Die Kerne müssen erst mal gut trocknen. Weil Kürbiszeit im Spätsommer oder Herbst ist, musst du die Kerne **luftdicht verpacken und an einem kühlen Ort aufbewahren,** bis du sie im Frühjahr aussäen kannst.

Anfang Mai kannst du deine Kerne dann endlich einpflanzen! Das machst du am besten in kleinen Töpfen und drinnen. Bevor du die Kerne in die Erde steckst, weiche sie eine Nacht lang in lauwarmem Wasser ein.

Am nächsten Tag steckst du nicht mehr als **2 Kerne mit der spitzen Seite nach unten etwa 1,5 Zentimeter tief in die Erde.** Stell die Töpfchen an einen schön warmen und hellen Ort und halte die Erde feucht. Nach ein paar Tagen sprießen zarte Blättchen.

Nach **etwa 3 Wochen** kannst du deine kleinen Pflanzen **in den Garten umsetzen.** Kürbisse brauchen viel Platz und Sonne, ihre Erde sollte immer feucht sein. Und sie lieben den Platz nahe am Komposthaufen. Du kannst dein Pflänzchen auch auf **eurem Balkon in einen großen Tontopf umpflanzen.** Da reicht eine Kürbispflanze, denn an einer Pflanze wachsen bis zu 5 Kürbisse! Dort düngst du deinen Kürbis am besten ab und zu mit einem Bio-Dünger.

Jetzt müssen nur noch die Bienen ihren Dienst tun und **deine Blüten reichlich bestäuben** (oder du hilfst mit einem Pinselchen nach. Wie das geht, steht auf Seite 30).

Und dann kannst du Woche für Woche beobachten, wie deine Pflanze wächst und gedeiht und aus den Blüten langsam immer dickere Kürbisse werden. **Ende August** ist es so weit und du kannst sie ernten. Wenn der Kürbis beim Anklopfen hohl klingt, ist er reif. Oder wenn der Stiel trocken ist und sich von allein zu lösen beginnt. Jetzt kannst du Leckeres mit ihm kochen!

Das sind Kürbiskerne, wie sie frisch aus dem Kürbis kommen. Du kennst die Kerne wahrscheinlich eher als dunkelgrüne, knackige Knabberei. So sehen sie aber erst aus, nachdem sie getrocknet wurden!

DIY

Dein eigener Brennnesseldünger

Pflanzen brauchen genauso viele gesunde Stoffe zum Wachsen wie du. Bei ihnen nennt man das „Dünger". Den kannst du selbst machen, zum Beispiel aus Brennnesseln. Der ist dann bio und also ganz und gar unschädlich. Weil dieser Dünger flüssig ist, nennt man ihn „Jauche".

Du brauchst:
• 1 kg Brennnesseln
• 2 Plastikeimer (für 10 Liter Wasser)
• 10 l Wasser
• Sieb
• Sprühflasche

Wenn man Brennnesseln im Garten sieht, denkt man erst mal: Das ist Unkraut. Aber man kann aus ihnen ganz viele tolle Sachen machen, **solange sie noch nicht blühen und noch keine Samen gebildet haben,** also im Frühjahr – neben dem Dünger zum Beispiel auch Tee oder Salat.

Zum Ernten der Brennnesseln ziehst du dir dicke Handschuhe an, damit du dich nicht brennst. Dann werden die Brennnesseln klein geschnitten und kommen in den Eimer. **Darüber gießt du das Wasser.** Jetzt musst du den Eimer ungefähr zwei Wochen an einem sonnigen Platz stehen lassen. **Jeden Tag rührst du die Jauche zweimal um.** Aber Achtung: Nase zuhalten, denn das Gemisch stinkt fürchterlich!

Wenn die Brennnesselmatsche **nicht mehr schäumt,** ist sie fertig. Jetzt muss die Jauche durch ein Sieb in einen anderen Eimer gegossen werden, damit die festen Teile der Brennnesseln ausgesiebt werden. Die kann man auf den Blumen- und Gemüsebeeten verteilen, dort sind sie guter Dünger für Tomaten und ihre Freunde.

Die Jauche kannst du mit sehr viel Wasser (Mischverhältnis 1 zu 10) **in eine Sprühflasche** füllen und damit die Blätter eurer Blumen im Garten oder auf dem Balkon besprühen, **wenn sie Blattläuse haben.** Oder du gießt die Jauche mit viel Wasser verdünnt auf die Erde **rund um deine Sonnenblumen oder Gemüsepflanzen.** Die freuen sich! Man kann Jauche auch aus Schachtelhalm, Giersch oder Löwenzahn herstellen. Das Gute daran: Sie piksen nicht.

Die Brennhaare der Nesseln brechen ab, wenn sie berührt werden. Die Flüssigkeit darin wird dann wie mit einer Spritze unter die Haut gespritzt. Damit schützt sich die Brennnessel gegen Feinde.

DIY

Erkundungstour:
Säen, ernten, zubereiten

Die Fülle des Sommers

Im Sommer geht es los mit der Ernte der im Frühjahr gesäten Dinge. Jeden Monat, ja, fast jede Woche, sind ein anderes Gemüse und Obst reif. Mach dich auf die Suche in eurem Garten oder auf dem Balkon, je nachdem, wo du gesät und gepflanzt hast. Mit das erste Obst, das reif ist, sind Erdbeeren, aber auch Kirschen, Himbeeren oder Johannisbeeren. Beim Gemüse sind es Gurken, Möhren und Tomaten. Apfelzeit ist dagegen erst im September, da musst du noch ein wenig warten. Dafür lassen sich einige Sorten gut den ganzen Winter über lagern. Auch deine selbst gezogenen Kräuter kannst du jetzt ernten und trocknen. Dann hast du im Winter noch etwas davon, um mit ihnen zu kochen. Wie das geht, entdeckst du auf der nächsten Seite.

Wann ist was reif?
Wenn du wissen willst, welches Obst und Gemüse bei uns wann geerntet wird, schau am besten in einem speziellen Kalender, der „Saisonkalender" genannt wird, nach. „Saison" kommt aus dem Französischen und bedeutet „Jahreszeit". Solche Kalender findest du in Garten- oder Kochbüchern oder im Internet. Da siehst du dann, dass zum Beispiel Erdbeeren schon im Mai reif sind. Du kannst dich also schon im Frühling auf feinen Erdbeerkuchen freuen!

Himbeeren
Juni - Oktober

Brombeeren
Juni - September

Erdbeeren
Mai - Juli

Heidelbeeren
Juni - September

Johannisbeeren
Juni - August

Kräuter trocknen – so geht's!

Wenn du Kräuter trocknen möchtest, **schneidest du ihre Stängel ganz nah am Boden mit einer Schere ab.** Und zwar an einem warmen, trockenen Tag, am besten am späten Vormittag. Einige Kräuter wachsen dann sogar wieder nach, wie Pfefferminze.

Am besten ist, du **wäschst sie gar nicht ab.** Wenn es aber sein muss, dann nur kurz unter kaltem Wasser. Danach musst du sie auf einem Küchentuch trocknen lassen.

Die trockenen Stiele **bindest du dann mit einem Band locker zusammen,** immer ungefähr fünf bis acht Stiele.

Und nun hängst du sie an einem **schattigen, luftigen Platz kopfüber** drinnen auf.

Ungefähr **nach drei Wochen** kannst du mal probieren, ob die Kräuter schon rascheln und sich ein paar Blättchen zwischen deinen Fingern zerbröseln lassen. Wenn das geht, sind sie fertig getrocknet. Dann kannst du die Blätter **vorsichtig von den Stielen zupfen** und in trockene, gut verschließbare Gläser oder andere Behälter füllen. **Beschrifte sie,** damit du immer genau weißt, welche Kräuter worin lagern (und deine Spaghetti-Bolognese-Soße am Ende nicht aus Versehen mit Pfefferminze würzt).

Die Kräuter müssen **an einem dunklen Ort** aufbewahrt werden. So behalten sie ein Jahr lang ihren Duft, ihren guten Geschmack und die gesunden Vitamine, die in ihnen stecken.

Soße oder Tee?

Getrocknete Kräuter kannst du zum Würzen von Essen nehmen, wie leckere Tomatensoßen, aber du kannst auch einen wohlschmeckenden Tee daraus kochen. Dazu nimmst du drei, vier Stängel zum Beispiel vom Thymian oder von der Pfefferminze und gießt heißes Wasser darüber (das macht am besten Mama oder Papa). Ungefähr zehn Minuten ziehen lassen und dann die Stiele herausnehmen und den Tee vorsichtig Schluck für Schluck schlürfen. Vielleicht gibst du noch einen Teelöffel Honig hinein.

Wenn du auf dem Balkon oder im Garten noch ein Plätzchen frei hast, bau dir deine Lieblings- kräuter an! Dann kannst du sie direkt pflücken und damit kochen.

DIY

Ein Picknick machen

Wenn im Sommer schönes Wetter ist, ist ein Picknick im Grünen doch das Allerbeste. Und im Sommer gibt's so viel reifes, leckeres Obst und Gemüse zum Verputzen. Im Buch sind auch ein paar Picknick-Rezepte versteckt. Achte auf dieses Zeichen .

Das Schönste ist natürlich, wenn du Gemüse und Obst mitnimmst, das du selbst angepflanzt und geerntet hast. Aber du kannst auch welches kaufen. Wichtig ist, dass du schaust, welche Sorten gerade bei uns „Saison haben" (siehe dazu auch Seite 106). Viel Obst und Gemüse, das wir auch selbst anbauen können, kommt oft von weit her, aus Holland, Spanien oder sogar von noch weiter weg. Das hat dann schon sehr lange Strecken hinter sich und schmeckt meist gar nicht so gut, weil es zu lang gekühlt worden ist und ihm die Sonne fehlt.

Einige Obst- und Gemüsesorten aber gibt es bei uns gar nicht, wie Banane, Ananas, Mango oder Avocado. Wenn du das besonders gern isst, kannst du es natürlich kaufen. Vielleicht achtest du nur darauf, dass es eine köstliche Ausnahme ist.

Neben einer großen Decke packst du in deinen Picknickkorb:

• Teller und Gläser (die wickelst du am besten in ein Geschirrhandtuch ein oder in Servietten, damit sie nicht kaputt gehen)
• erfrischende Getränke wie Wasser und Himbeer-Limo (siehe Seite 142)
• Radieschen, Tomaten, Möhren und Salatblätter zum Knabbern (je nachdem, was gerade geerntet werden kann)
• Würstchen, hart gekochte Eier aus der Hand oder aufgeschnitten zwischen zwei Brotscheiben als Sandwich, dick geschnittene Käsescheiben zum Naschen
• selbst gemachte Mini-Burger (das Rezept findest du auf Seite 137)
• Erdbeeren, Himbeeren, Kirschen (je nachdem, was gerade reif ist) als Nachtisch

Such dir für euer Picknick einen schönen schattigen Platz in eurem Garten aus. Man kann auch gemütlich auf dem Balkon picknicken. Oder ihr unternehmt eine Wanderung oder eine Radtour und macht auf einer grünen Wiese eine Picknickpause. Achte auch dann auf ausreichend Schatten!

Erkundungstour:
Säen, ernten, zubereiten

Herbst ist Erntezeit

Wenn der Herbst kommt, sind wirklich alle Gemüse- und Obstsorten reif und bereit, geerntet zu werden. Und sie müssen es auch, denn sonst faulen sie oder fallen von den Bäumen und bekommen braune Stellen. Allerdings freuen sich die Tiere darüber, denn sie knabbern und picken gern hier und da an reifen Früchten herum.

So lagerst du Obst und Gemüse

Es gibt ein paar Regeln, wie man am besten erntet und lagert. Beeren und Kirschen haben übrigens bereits im Sommer Erntezeit, aber auch sie wollen ja richtig gelagert sein:

- Ernte bei trockenem Wetter, weil Gemüse und Obst beim Lagern schnell faulen, wenn sie feucht sind
- Ernte alles ganz behutsam, damit nichts eingedrückt wird oder herunterfällt, denn in Druckstellen können sich Bakterien ansammeln, die deine Ernte faulen lassen
- Bringe deine Ernte schnell an einen dunklen, kühlen Ort zum Aufbewahren. Für das meiste Gemüse ist das Gemüsefach des Kühlschranks optimal. Dazu legst du es am besten in einen feuchten Gemüsebeutel. Wenn das Fach zu klein ist, kannst du das meiste Gemüse auch in einer Holzkiste im Keller lagern (aber lege es nicht zu dicht zusammen und auch nur in einer Schicht, also nicht übereinander).
- Lagere Obst und Gemüse nicht direkt nebeneinander. Vieles Gemüse reifen nicht mehr nach, aber Obst. Durch einen bestimmten Stoff (er heißt Ethylen, ein sehr komplizierter Name, nicht?), der im Obst enthalten ist und den dieses absondert, reift aber auch das Gemüse nach, wenn es zu nah am Obst liegt.

Studieren vorm Probieren

Für jedes geerntete Obst und Gemüse solltest du dich informieren, wie man es am besten lagert, damit es so lange wie möglich haltbar ist: im Kühlschrank, im Keller oder doch bei Zimmertemperatur. Bitte deine Eltern um Hilfe, die wissen bestimmt, wo man da nachschauen muss. Ein paar Tipps bekommst du hier.

Wie lange ist was haltbar?

Je nach Gemüse- und Obstsorte ist deine Ernte ein paar Tage oder sogar mehre Wochen haltbar.

Wurzelgemüse (dazu gehören Möhren, Sellerie, Rettich und andere) halten im Gemüsebeutel im Gemüsefach des Kühlschranks bis zu drei Wochen. Wenn die Möhren nach längerer Lagerung etwas labbrig aussehen, leg sie eine kurze Weile in Wasser – schon sind sie wieder knackig.

Kartoffeln halten mehrere Wochen und sogar Monate, wenn sie richtig gelagert werden, und zwar in einer Holzkiste, abgedeckt mit einem Kartoffelsack, an einem ganz dunklen, kühlen Ort. Der Keller ist dafür am besten geeignet.

Kürbisse gehören zu den Gemüsesorten, die es nicht so gern kalt mögen. Wenn sie zu warm lagern, trocknen sie schneller aus und ihre Schale wird hart. Um den besten Moment zu erwischen, wann sie gegessen werden sollten, achte darauf, wann sich der Stiel von allein löst.

Äpfel, wenn du sie in einer Schicht und ohne dass sie sich berühren in eine Obstkiste legst und an einem kühlen Ort abgedeckt aufbewahrst, halten sie sich sogar bis zu fünf Monate. Damit kommst du immerhin bis ins nächste Jahr.

Beeren sind nur sehr kurz haltbar, manchmal sogar nur einen Tag, wenn sie besonders reif sind. Sie halten sich am besten, wenn sie nicht gewaschen werden und in einem flachen Behälter im Kühlschrank lagern.

Kirschen erntest du am besten mit Stiel. Sie können ein paar Tage im Kühlschrank aufbewahrt werden. Aber mal ehrlich: Kannst du so lange warten?

Willst du noch länger etwas von deiner Ernte haben? Dann musst du sie einfrieren (zum Beispiel klein geschnittene Kräuter, verpackt in ein Plastiksäckchen), einkochen (wie Beeren, um daraus Marmelade zu machen) oder einmachen. Wie das geht, findest du später auch noch heraus.

Herbst

Nüsse für den Winter

Der Herbst ist übrigens auch die Zeit, in der die Nüsse reif sind: Vor allem Walnüsse und Haselnüsse gibt es bei uns zu entdecken. Walnüsse sind dann reif, wenn sie vom Baum fallen. Walnüsse solltest du nicht abrupfen, damit sicher ist, dass sie wirklich ausgereift sind.

Walnüsse sind meist noch von einer grünen Schicht umgeben, die du bitte sorgfältig abschälst. Die Nüsse aber nicht abwaschen, weil sie durch Feuchtigkeit schnell zu schimmeln beginnen.

Bevor sie gelagert werden können, müssen die Walnüsse gut getrocknet werden, das kann vier bis sechs Wochen dauern. Dafür gibst du sie am besten auf ein Tablett, das du zuvor mit einem Küchentuch auslegst.

Wende sie mehrmals in der Woche und schau genau nach, ob alle Nüsse „gesund" sind. Wenn du schwarze oder schimmlige Nüsse entdeckst, entfern sie und wirf sie weg, bevor sie andere Nüsse „anstecken".

Wenn sie ganz trocken sind, lagerst du die Walnüsse am besten hängend in einem Kartoffel- oder Zwiebelsäckchen.

Auch **Haselnüsse** sind reif, wenn sie von selbst vom Strauch fallen. Dann ist ihre grüne Schutzhülle in der Regel auch bereits geöffnet. Diese Schale entfernst du dann als Erstes vorsichtig.

Die Nüsse müssen nun wie die Walnüsse eine ganze Zeit getrocknet werden. Dazu breitest du sie auf einem Tablett aus. Die Nüsse sollten einzeln liegen. Es ist gut, wenn du die Nüsse mehrmals in der Woche wendest.

Die Nüsse lagerst du anschließend in einem Kartoffel- oder Zwiebelsäckchen und hängst es an einem trockenen Ort auf. So halten die Nüsse ein ganzes Jahr lang.

Am besten lassen sich alle Nusssorten im Ganzen und ungeschält trocken, kühl und dunkel lagern.

Das Eichhörnchen macht es übrigens ganz ähnlich: Es sammelt die Nüsse und versteckt sie an dunklen, kühlen Orten. An die kehrt es dann zurück, wenn es im Winter Hunger hat. Viele Verstecke findet es allerdings auch nicht mehr wieder. Dort keimen die Nüsse dann und es wachsen mit ein bisschen Glück neue Walnussbäume und Haselnusssträucher.

Herbstzeit – Festzeit

Weil im Herbst die große Erntezeit ist, feiern die Menschen diese Jahreszeit seit jeher mit dem Fest **„Erntedank"**, um der Natur zu danken. Dazu werden die geernteten Gemüse- und Obstsorten auf einem großen Tisch bereitgelegt, an dem sich alle bedienen dürfen. Manchmal wird auch ein Feuer gemacht, über dem Stockbrot gegrillt wird. Und in der Glut brutzeln Kartoffeln und Bratäpfel.

Am 31. Oktober ist **Halloween.** Verkleidest du dich da auch immer gruselig und ziehst von Tür zu Tür, um Süßes abzustauben? Mach's euch doch zu Hause mal so richtig gruselig mit einem ausgehöhlten Kürbis!

Grusel-Kürbiskopf

Wie du aus einem Kürbis einen Grusel-Kürbiskopf zauberst, lernst du hier.

Dazu brauchst du:
• 1 Kürbis
• 1 scharfes, spitzes Messer (bitte sehr gut aufpassen, wenn du es benutzt!)
• 1 Esslöffel
• 1 Stift zum Vorzeichnen des Gesichts

Als erstes wird nun **der Deckel** ausgeschnitten. Und zwar so rund wie möglich. Das machst du bitte ganz vorsichtig oder lässt dir dabei helfen. Wenn das Messer leicht schräg gehalten wird beim Schneiden, fällt der Deckel übrigens nicht in den Kürbis hinein.

Dann muss das **lose „Kürbisfleisch" und die Kerne mit dem Esslöffel aus dem Inneren herausgeholt werden.** Das noch verbliebene Fruchtfleisch kratzt du so gut es geht mit dem Löffel von innen von den Wänden. Die Kerne werden vom Fruchtfleisch aber getrennt, denn die werden nicht mitverarbeitet beim Kochen oder Backen. Heb aber ein paar Kerne auf, dann kannst du nächstes Jahr neuen Kürbis ansäen (schau dazu auf Seite 102).

Und jetzt kannst du **ein Gesicht außen auf den Kürbis zeichnen.** Das Gesicht mit dem spitzen Messer ausschneiden – eventuell brauchst du hier Unterstützung von Mama oder Papa. Und dann kommt noch **ein Teelicht** hinein und du kannst deinen Grusel-Kürbiskopf vor eure Haustür stellen.

Dein Kürbiskopf kann eine schaurige Grimasse ziehen und seine Zähne zeigen. Er darf aber natürlich auch freundlich lächeln.

DIY

Erkundungstour:
Säen, ernten, zubereiten

Wer viel gesammelt hat, kann jetzt genießen

Im Winter gibt es (fast) nichts mehr zu ernten. Vielleicht gibt's noch etwas Grünkohl zu entdecken. Den mögen allerdings nicht alle Kinder.

Jetzt ist die Zeit gekommen, mit deinen Vorräten aus Sommer und Herbst zu kochen und zu backen: Vielleicht hast du noch etwas geerntetes Gemüse oder Obst, das aufgebraucht werden muss. Dazu findest du ein paar leckere Rezepte weiter hinten im Buch.

Oder deine Nüsse sind ausreichend getrocknet, sodass du sie aufknabbern kannst. Du kannst aber auch leckere „gebrannte Nüsse" daraus machen.

Gebrannte Nüsse

Du brauchst:
200 g Nüsse
2 EL flüssigen Honig
1 EL Öl (zum Beispiel Rapsöl)
etwas Zimt (wenn du magst)

Und so geht's:

Wenn du willst, kannst du die Nüsse etwas zerkleinern. Vermisch die Nüsse in der Schüssel mit dem Honig und dem Öl.

Jetzt heizt du den Ofen auf 180 °C Umluft vor (200 °C bei Ober- und Unterhitze). Leg ein Backblech mit Backpapier aus. Darauf kommen jetzt die Nüsse. Wenn du magst, kannst du auch noch etwas Zimt drüberstreuen. Mmmmh!

Das Ganze kommt etwa 15 Minuten in den Backofen. Vorsicht, heiß! Zieh bitte dazu Topfhandschuhe an oder lass dir von Mama oder Papa helfen!

Dann das Backblech aus dem Ofen holen (Topfhandschuhe!). Während die Nüsse anschließend auf dem Blech auskühlen, musst du sie immer mal wieder umrühren.

Guten Appetit!

Wenn du sie verschenken willst, brauchst du noch ein paar ausgewaschene alte Marmeladen- oder Senfgläser mit Deckel. In die füllst du die Nüsse und schüttelst die Gläser ein paarmal, damit die Nüsse nicht zusammenkleben. Bekleb die Gläser mit buntem Klebestreifen (Washi-Tape) oder bind Bänder darum, damit sie hübsch aussehen.

Pfefferkuchen-Pullis

Natürlich ist jetzt auch die Zeit gekommen, um Plätzchen zu backen! Wie wäre es mit Schmuck für den Weihnachtsbaum – aber einen, den alle zum Fressen gernhaben?!

Du brauchst für ca. 50 Stück:
120 g Zucker
150 g Rübensirup
2 TL Zimtpulver
1 ½ TL Ingwerpulver
1 TL Nelkenpulver
½ TL Kardamompulver
200 g Butter
1 Ei
500 g Mehl
150 g weiße Kuvertüre

Außerdem:
1 Strohhalm
1 kleinen Gefrierbeutel
bunte Bänder zum Aufhängen

Zubereitungszeit: ca. 20 Min. für den Teig
+ 1 Nacht im Kühlschrank
+ Zeit zum Ausstechen und Backen am nächsten Tag

Für den Teig **erhitzt du als Erstes** Zucker und Rübensirup in einem Topf, dabei schön rühren. Misch Zimt-, Ingwer-, Nelken- und Kardamompulver darunter. Als Letztes die Butter.

Wenn die Butter geschmolzen ist, fülle die Mischung in eine Rührschüssel. Misch jetzt das Ei darunter, dann verrühr gründlich das Mehl mit der Mischung. Der Teig kommt **zugedeckt 1 Nacht** in den Kühlschrank.

Am nächsten Tag hol den Teig 30 Minuten vor dem Verarbeiten aus dem Kühlschrank. Heiz den Backofen auf 170 °C (Ober- und Unterhitze) vor und belege ein Backblech mit Backpapier.

Rolle den Teig zwischen zwei Lagen Backpapier mit dem Teigroller aus. **Leg nun deine Pulli-Schablone auf den Teig** und schneide den Teig drum herum mit einem kleinen, spitzen Messer aus. Mit dem Strohhalm stanze in der Nähe des Kragens das Loch zum Aufhängen aus. Die Pullis hebst du am besten mit einem Pfannenwender vom

Backpapier auf das Backblech. **Und nun ab in den Ofen:** Auf der mittleren Schiene 8 bis 10 Minuten backen. Dann abkühlen lassen.

Jetzt wird die Kuvertüre gehackt und in einer Metallschüssel **über dem heißen Wasserbad** unter Rühren geschmolzen. Lass dir das von Mama oder Papa zeigen. Achtet darauf, dass die Kuvertüre nicht zu heiß wird, sonst klumpt sie.

Wenn sie leicht abgekühlt ist, aber noch warm, **füll die Kuvertüre in den Gefrierbeutel,** bei dem du von einer unteren Ecke ein Stück abschneidest. Hier kommt deine Kuvertüre raus, mit der du jetzt die Pullis nach Lust und Laune verzierst.

Wenn alles getrocknet ist, fädele die Bänder durch die Löcher – fertig ist dein knuspriger Weihnachtsbaumschmuck!

Pulli-Schablone basteln

Bevor du deine Pulli-Plätzchen ausstechen kannst, brauchst du natürlich eine Schablone dafür. Male dazu einfach auf ein dickes Stück Pappe einen Pullover, der ca. 4 cm breit und 5 cm hoch ist. Diesen schneidest du aus. Fertig ist deine Pulli-Schablone!

DIY

Aus Gemüseresten Pflanzen ziehen

Hast du auch so großen Spaß am Gärtnern, aber keinen Garten und keinen Balkon? Kein Problem! Dann probiere es mal mit „Regrowing"! Das ist Englisch und bedeutet „Nachwachsen". Das heißt, du lässt aus euren Gemüseresten wieder etwas wachsen, zum Beispiel aus einem Salatstrunk, aus vertrockneten Ingwerresten oder Möhrenabschnitten.

Du kannst den Strunk mit Zahnstochern abstützen, damit er nicht ganz unter Wasser liegt.

Was du dazu brauchst, ist nicht viel:
ein bisschen Erde, Licht, Wasser und Geduld. Aber das Warten lohnt sich, denn es ist ein echtes kleines Wunder, wenn aus den Resten ganz neue Pflanzen wachsen!

Und gleichzeitig vermeidest du Müll und schonst deine Umwelt. Prima!

Regrowing funktioniert so: In einem bestimmten Teil haben Pflanzen in sich die Möglichkeit, sich wieder davon zu erholen, dass sie abgeschnitten worden sind. Das ist beim Salat der Strunk, bei Möhren das Würzelgrün, bei Frühlingszwiebeln die Wurzeln, bei einer Süßkartoffel etwa 3 bis 4 cm der Spitze.

Dazu brauchst du nur:
• **Gemüsereste**
• **1 kleines Glas oder Schälchen mit Wasser**
• **1 kleinen oder mittelgroßen Blumentopf**
• **Bio-Blumenerde**

Wer viel Gemüse isst, hat viele Gemüsereste zum Weiterzüchten!

Und so geht's:
Du legst die Gemüsereste **fünf bis sieben Tage** in ein kleines Glas mit Wasser ein.

Wenn die Reste **neue Keime** gebildet haben, pflanzt du sie in einen Topf mit Erde. Die bekommst du im Gartencenter. Dabei steckt der alte Gemüserest in der Erde, **die neuen Keime gucken oben raus.**

Das Ganze jetzt **gut und regelmäßig gießen,** dann wächst nach und nach wieder neues, frisches Gemüse daraus.

Fertig ist dein tolles Gemüsebeet aus Gemüseresten!

Die Lieblingsrezepte von Maus, Elefant und Ente

Du hast fleißig gesät, gepflegt, geerntet und gesammelt. Jetzt erfährst du auf den folgenden Seiten, was du daraus alles Tolles und Köstliches zaubern kannst! In die Kochschürze und Schneebesen und Rührlöffel bereithalten, an den Herd und los! Vorweg aber brauchen wir noch etwas Vorbereitung, damit beim Kochen und Backen auch alles flutscht.

Das brauchst du beim Kochen und Backen (fast) immer:

- **Kochlöffel, Pfannenwender, Rührbesen** zum Umrühren, Wenden oder Verquirlen

- **Küchenreibe,** falls du Käse fein reiben, Möhren raspeln oder Gurken hobeln willst. Ganz wichtig: Lieber einen größeren Rest lassen, damit du dir die Fingerkuppen nicht verletzt!

- **Messer, Sparschäler und Schneidbretter.** Ein kleines, gerades Küchenmesser ist praktisch zum Putzen und Kleinschneiden von Gemüse. Ein Sägemesser brauchst du, um zum Beispiel Tomaten in Scheiben zu schneiden. Ein Sparschäler ist super zum Schälen von Möhren, Gurken und Obst. Du schneidest alles auf einem großen Schneidbrett.

- **Küchensieb,** weil du Gemüse oder Nudeln nach dem Kochen abgießen musst

- **Stabmixer,** den man auch „Zauberstab" nennt, weil er im Handumdrehen alles kurz- und kleinkriegt. Damit kannst du auch deine Kürbissuppe direkt im Topf schön cremig pürieren oder aus frischen Beeren eine leckere Fruchtsoße „zaubern".

- **Töpfe und Pfannen.** Den größten Topf nimmst du für Nudeln, Kartoffeln oder Suppe, einen mittelgroßen zum Reiskochen und für Gemüse. Der kleinste Topf ist für Soßen der richtige. Sei vorsichtig mit den Griffen, die können auf dem Herd manchmal ganz schön heiß werden. Benutze darum zur Sicherheit immer **Topflappen oder Topfhandschuhe,** wenn du den Topf vom Herd nimmst. Gebraten wird in einer beschichteten Pfanne, weil darin nichts hängen bleibt.

- **Küchenwaage und Messbecher,** um deine Zutaten abzuwiegen oder abzumessen

Ganz wichtig ist noch: Alles, was scharf, spitz, besonders schwer ist oder heiß werden kann, machst du bitte immer nur, wenn ein Erwachsener dabei ist. Gerade beim Kleinschneiden von hartem Gemüse wie Kürbis oder auch Möhren passiert es leicht, dass man abrutscht und sich schneidet. Darum lass solche schwierigen und gefährlichen Sachen am besten Mama oder Papa machen.

Tipps für kleine Kochprofis

Bevor es in der Küche richtig losgeht, heißt es erst einmal: Hände waschen, lange Haare zusammen- und eine Schürze umbinden. Und kümmre dich darum, dass ein Erwachsener dabei ist, wenn du kochst oder backst. Dann liest du dir das Rezept gründlich durch, bereitest alle Zutaten vor und legst und stellst alle Utensilien, die du für die Zubereitung brauchst, bereit.

Am längsten dauert die Vorbereitung von Gemüse und Obst – damit startest du also.

Was bedeutet „Gemüse putzen"?

„Gemüse putzen", heißt, dass alle nicht essbaren Teile entfernt werden und das Gemüse anschließend gewaschen und getrocknet wird, bevor es dann zubereitet wird.

Hier erfährst du, wie das bei den Sorten, mit denen im Buch gekocht wird, gemacht wird.

Apfel: Viertle den Apfel auf einem Brett. Dann schneidest du mit einem scharfen Messer das Kerngehäuse aus der Mitte heraus und an den beiden Enden den Stiel und die Blüte. Jetzt kannst du die Apfelschiffchen so belassen oder aber weiter klein schneiden (in Scheiben oder Stückchen). Genauso wie den Apfel verarbeitest du auch eine Birne.

Champignons: Pilze sollte man möglichst nicht waschen, weil sie sich sonst mit Wasser vollsaugen. Es gibt extraweiche Pilzbürsten, mit denen man sie abbürsten kann. Oder aber du nimmst ein Stück feuchtes Küchenpapier und tupfst vorsichtig die Erde von ihnen ab. Schneid ein kleines Stück vom Stiel ab. Dann viertle die Pilze: Schneid sie auf einem (Holz-)Brett in der Mitte durch und halbier dann jedes Stück noch einmal. Oder aber du schneidest Scheiben. Auch dazu halbierst du die Pilze, legst sie mit der Schneidfläche auf das Brett und schneidest dünne oder etwas dickere Scheiben ab – was dir lieber ist.

Gurke: Schneid zuerst die beiden Ende der Gurke ab. Je nachdem, was im Rezept steht, kannst du die Gurke nun von oben nach unten schälen oder aber die Schale dranlassen. Jetzt schneidest du die Gurke am besten einmal quer in der Mitte durch, dann ist sie nicht mehr so lang. Dann halbierst du beide Teile noch mal der Länge nach. Leg die Gurkenhälften mit der Schneidefläche auf das Brett und schneid nun (halbe) Scheiben von oben ab oder aber du schneidest der Länge nach fingerdicke Streifen.

Kräuter: Bei Kräutern mit Blättern zupfst du diese vorsichtig vom Stiel ab und zerhackst sie dann mit einem scharfen Messer oder einem Kräuterbeil, wenn es so im Rezept steht. Bei Schnittlauch legst du mehrere Stiele eng zusammen und schneidest kleine Röllchen ab.

Möhre: Schneid von der Möhre die Enden ab. Jetzt kannst du sie schälen oder aber die Schale dranlassen. Da stecken die meisten Vitamine drin, sie schmeckt aber auch manchmal etwas bitter. Nun kannst du die Möhre entweder in Scheiben schneiden oder aber der Länge nach in fingerdicke Streifen. Dafür schneidest du sie am besten erst einmal quer

In Rezepten werden oft Abkürzungen verwendet, damit es nicht so viel zu lesen gibt. Die wichtigsten sind hier einmal aufgelistet, damit du immer weißt, was gemeint ist. Man misst einiges mit Löffeln ab, aber vieles auch mit einer Küchenwage oder einem Messbecher.

EL = Esslöffel (glatt gestrichen)
TL = Teelöffel (glatt gestrichen)
Msp. = Messerspitze
g = Gramm
kg = Kilogramm
l = Liter
ml = Milliliter
cm = Zentimeter
Min. = Minute
Std. = Stunde
ca. = circa, das heißt „ungefähr"
evtl. = eventuell
°C = Grad Celsius

in der Mitte durch, dann jedes Stück noch mal halbieren. So rutscht dir die runde Möhre beim Schneiden nicht so leicht weg.

Paprika: Die Paprika wird der Länge nach halbiert, den Stiel und die Kerne entfernst du und auch das Weiße in ihrem Inneren. Dann kannst du die Hälften der Länge nach in fingerdicke Streifen schneiden und die in kleine Stücke, wenn es so im Rezept steht.

Salat: Schneid als Erstes den Strunk heraus und zupfe die Blätter auseinander, sodass sie

Damit dir beim Zwiebelschneiden nicht die Tränen kommen

Feuchte die Zwiebel, das Messer und das Schneidbrett an. Nimm einen Schluck Wasser und behalt ihn im Mund, bis du mit dem Schneiden fertig bist. Du darfst dann eben nur durch die Nase atmen. Halt deinen Kopf nicht über die Zwiebel, setz dich besser hin, dann liegt sie vor dir und du bekommst die Dämpfe nicht direkt ab. Wenn's ganz schlimm ist, kannst du natürlich auch eine Taucherbrille aufsetzen.

alle einzeln sind. Dann spülst du sie gründlich mit Wasser ab. Salat wird trocken geschleudert. Frag mal Mama oder Papa, ob ihr eine Salatschleuder habt. Sonst kannst du die Blätter aber auch in ein Küchentuch legen, es an den Enden zusammenzwirbeln und ein paarmal vorsichtig im Kreis drehen. Dann legst du mehrere Blätter aufeinander auf ein Brett und schneidest sie in Streifen und die dann vielleicht sogar noch einmal in der Mitte durch. So lässt sich der Salat besser essen.

Tomaten: Bei Tomaten muss der grüne Strunk ganz entfernt werden. Dazu schneidest du die Tomate in der Mitte des Strunkes durch. Schneid nun den Strunk auf jeder Seite mit einem spitzen Messer heraus. Dann kannst du jede Seite in Scheiben schneiden. Das Messer muss bei Tomaten besonders scharf sein, sonst zermatschen sie.

Zitrone: Für Scheiben teilst du die Zitrone quer in der Mitte und schneidest runde Scheiben von der Mitte aus ab. Für Zitronenschiffchen teilst du sie der Länge nach und jede Hälfte dann noch einmal. Wenn du die Zitrone auspressen willst, halbierst du sie auch quer, setzt jede Hälfte mit der Schnittfläche nach unten auf deine Zitronenpresse und drehst sie darauf ein wenig hin und her. Nicht zu fest drücken, sonst presst du die Schale mit aus und dein Zitronensaft schmeckt bitter. Brauchst du fein abgeriebene Zitronenschale (zum Beispiel für Kuchen), dann wasch die Zitrone heiß, trockne sie ab und reibe dann die Schale mit einer Zitrusreibe ab. Verwende dafür immer Bio-Zitronen. Orangen bereitest du genauso vor und zu.

Zwiebel: Schneide oben und unten die Enden ab. Dann ritzt du von oben bis unten mit einem Messer leicht in die Zwiebelschale. Von hier aus kannst du sie jetzt mit einem Messer nach und nach abschälen. Dann halbiere die Zwiebel, lege sie mit der Schneidefläche auf das Brett und schneide Scheiben davon ab.

Für Würfel die Hälften fächerförmig bis zum Strunk einschneiden und dann quer in Würfel schneiden.

Generell: Am besten ist es, Bio-Gemüse und -Obst zu kaufen oder es selbst anzubauen. Dann kannst du sicher sein, dass keine Schadstoffe darin sind und beim Anbau auch noch die Umwelt geschont wird. Überhaupt kannst du (fast) alle Lebensmittel in Bio-Qualität kaufen. Die sind meist etwas teurer, aber dafür schmecken sie oft besser. Versuch auch, möglichst Lebensmittel aus deiner Region zu verwenden. Sie haben nur kurze Transportwege – so tust du auch etwas für die Umwelt.

Was bedeutet „Prise"?
Eine Prise Salz ist ungefähr die Menge Salz, die du zwischen deinem Zeigefinger und Daumen fassen kannst. Das ist weniger als „eine Messerspitze", was auch oft als Maßeinheit benutzt wird.

Konfettisalat

Dieser Salat ist prima, wenn du gerade Erntezeit hast und dein Gemüsefach voller frischem Gemüse ist. Wenn du ihn in mehrere kleine Gläser mit Deckel füllst, eignet er sich auch perfekt für das nächste Picknick mit deinen Freunden!

Für 4 Portionen brauchst du:

4 Eier
½ Eisbergsalat
2 Stauden Chicorée
¼ Rotkohl · 3 Äpfel
2 rote Zwiebeln
100 g Cheddar-Käse
(am Stück)
100 g Haselnusskerne
50 g Pekannusskerne
2 EL Honig
100 g Rosinen
100 g saure Sahne oder
Naturjoghurt
4 EL Apfelessig
Salz

Zubereitungszeit:
ca. 40 Min.

1. Koch die Eier hart. Wasch und putz die Salate und den Kohl. Schneid sie in feine Streifen und dann in kleine Würfel.

2. Wasch nun die Äpfel, viertle sie, entfern das Kerngehäuse und würfele sie sehr fein. Die Zwiebeln müssen nun geschält und ebenfalls fein gewürfelt werden. Jetzt kannst du die Eier pellen und mit einem Messer klein hacken. Den Käse reibst du grob.

3. Hack die Nüsse mit einem Messer fein und röste sie in einer Pfanne ohne Fett kurz an. Den Honig hinzufügen. Dadurch karamellisieren die Nüsse. Rühr zum Schluss die Rosinen unter.

4. Alle Zutaten in eine Schüssel füllen. Saure Sahne oder Joghurt und den Essig hinzugeben. Mit 1 Prise Salz würzen.

5. Jetzt musst du den Salat ungefähr 3 Minuten gut durchrütteln. Dazu deckst du ihn am besten mit einem Deckel oder passend großen Teller ab. Nun lässt du den Konfettisalat noch ein paar Minuten ziehen und dann heißt es: drauflöffeln!

Bunte Gemüse-Sticks

1. Zuerst verteilst du die saure Sahne auf zwei Schälchen. Den Schnittlauch braust du kurz mit Wasser ab. Dann schneidest du ihn in kleine Röllchen.

2. Gib die Röllchen mit dem Ketchup in eines der Schälchen mit der sauren Sahne. Gut verrühren. Gib 1 Prise Salz dazu.

3. Gib den Senf und den Honig in das zweite Schälchen mit saurer Sahne. Gut verrühren. Gib auch hier 1 Prise Salz dazu.

4. Die Paprikaschoten waschen, halbieren, das Kerngehäuse entfernen und der Länge nach in fingerdicke Streifen schneiden. Die Zucchini waschen und der Länge nach in etwa 1 cm dicke Scheiben schneiden. Die Scheiben schneidest du danach in pommeslange Stifte. Vom Kohlrabi und von den Möhren jeweils die Enden abschneiden und schälen. Den Kohlrabi erst in dicke Scheiben, dann wie Pommes in lange Stifte schneiden. Auch die Möhren in pommeslange Stifte schneiden.

5. Jetzt kannst du deine bunten Gemüsestifte in mehrere Gläser auf dem Tisch verteilen, sodass sie aussehen wie bunte Gemüsesträuße. Dazu stellst du die beiden Schälchen mit deinem Ketchup- und Senf-Dip.

6. Zum Knabbern tauchst du die Gemüsepommes mal in den Ketchup-Dip, mal in den Senf-Dip.

Für 4 Portionen brauchst du:

300 g saure Sahne
6 Stängel Schnittlauch
2 EL Tomatenketchup
Salz
1 EL süßer Senf
1 TL Honig
je 1 rote und gelbe Paprikaschote
½ Zucchini
½ Kohlrabi
3 Möhren

Zubereitungszeit: ca. 25 Min.

Kürbissuppe

Für 4 Personen brauchst du:

1 kleine Stange Lauch
1–2 cm Ingwerwurzel
1 kleiner Hokkaidokürbis
(ca. 800 g)
3 mittelgroße vorwiegend
festkochende Kartoffel
1 Apfel
1 EL Öl
700 ml Gemüsebrühe
Salz
1–2 TL Currypulver
1–2 EL Zitronensaft
(frisch gepresst aus einer
Bio-Zitrone)
6 EL saure Sahne
8 Kürbiskerne
1 Beet Kresse

Stabmixer

Zubereitungszeit:
ca. 35 Min.
+ Kochzeit ca. 20 Min.

1. Als Erstes putzt du den Lauch. Dazu schneidest du das Wurzelende ab und entfernst welkes Grün. Schneide dann der Länge nach ein Stück in ihn hinein und wasche ihn nun gut von außen und innen (zwischen seinen Schichten). Danach schneidest du ihn in Ringe. Den Ingwer schälen und fein würfeln.

2. Dann muss der Kürbis halbiert werden. Das lass bitte deine Mama oder deinen Papa machen. Die Kerne herausholen und das Fruchtfleisch in grobe Würfel schneiden. Die Kartoffeln schälen und in Würfel schneiden. Ebenso den Apfel.

3. Erhitz nun das Öl in einem großen Topf und dünste darin den Lauch und den Ingwer kurz an. Dann kommen der Kürbis, die Kartoffeln und der Apfel dazu. Gib die Brühe dazu und lass das Ganze ca. 20 Minuten köcheln (bis die Kartoffeln weich sind).

4. Die Kürbissuppe mit einem Stabmixer pürieren. Mit Salz würzen. Das Currypulver und den Zitronensaft hinzufügen.

5. Wenn die Suppe in den Suppentellern ist, gib mit einem TL zwei kleine Kleckse für die Augen und einen Halbkreis für den Mund darauf. Die Pupillen sind die Kürbiskerne.

6. Die Kresse abschneiden, waschen, trocken schütteln und das Suppengesicht mit Haaren verzieren.

Toll ist es natür-
lich, wenn du die Suppe
aus einem Kürbis kochen
kannst, den du selbst angepflanzt hast. Wie das geht,
kannst du auf Seite 104
nachlesen.

Tomatensauce

Mit deinen selbst angebauten Kräutern kannst du eine wunderbare Tomatensoße kochen. Natürlich isst du die Tomatensoße nicht pur, sondern kochst leckere Nudeln dazu. Hier verrät dir die Maus noch ein lustiges Rezept für Zucchininudeln.

Für 4 Portionen brauchst du:

1 rote Zwiebel
2 Knoblauchzehen
2 Dosen geschälte Tomaten (à 240 g Abtropfgewicht)
4 EL Olivenöl
2 EL Kräuter aus deiner eigenen Ernte (frisch oder getrocknet; zum Beispiel Thymian, Rosmarin, Basilikum, Petersilie, Oregano)
1 TL Zucker · Salz
6 mittelgroße Zucchini
100 g geriebenen Parmesan

Spiralschneider

Zubereitungszeit:
ca. 30 Min.

1. Schäl die Zwiebel und den Knoblauch und schneid beides in feine Würfel. Erhitz 2 EL Öl in einer hohen Pfanne (oder einem mittelgroßen Topf) und brat die Zwiebel darin an. Dann gibst du den Knoblauch dazu und brätst ihn kurz mit. Rühr nun die Tomaten unter und lass alles etwa 20 Minuten gut einkochen. Danach kommen deine Kräuter, Zucker und Salz dazu.

2. Während die Soße köchelt, wasch die Zucchini, trockne sie und schneid die Enden ab. Die Zucchini mit dem Spiralschneider in Spaghettispiralen schneiden. Du kannst aber auch einfach mit dem Sparschäler Scheiben von den Zucchini abhobeln. Die werden dann nur etwas breiter.

3. Erhitz in einem großen Topf 2 EL Öl und brat die Zucchininudeln darin bei schwacher Hitze etwa 20 Minuten an. Dabei immer wieder umrühren, damit sie nicht anbrennen.

4. Am Ende gibst du die Tomatensoße zu den gebratenen Zucchininudeln und vermischst alles gut. Auf dem Teller bestreust du die Nudel dann mit dem Parmesan.

Mini-Burger

1. Das Hackfleisch in eine Schüssel geben. Die Zwiebel schälen, in feine Würfel schneiden und dazugeben. Die Eier aufschlagen und hinzufügen. Alles zu einer formbaren Masse verkneten. Die Petersilie waschen und trocken schütteln. Die Blätter abzupfen, klein hacken und mit dem Tomatenmark unter die Hackfleischmasse mischen. Mit 1 Prise Salz würzen.

2. Die Salatblätter waschen und trocken schleudern. Die Tomate waschen, den Stielansatz entfernen und in 6 Scheiben schneiden. Die Gurke schälen, in dünne Scheiben schneiden.

3. Mit angefeuchteten Händen aus der Hackfleischmasse 6 etwa 2 cm dicke Frikadellen formen. Das Öl in der Pfanne erhitzen. Die Frikadellen darin nacheinander bei mittlerer bis starker Hitze auf beiden Seiten etwa 4 Minuten, bis sie braun sind, anbraten. Sie müssen auch in der Mitte durchgegart sein. Das siehst du spätestens, wenn du auf dem Teller einmal mit einem Messer hineinschneidest. Sind sie noch rot, müssen sie noch mal kurz in die Pfanne. Dann rausnehmen und auf einem Teller mit Küchenpapier abtropfen lassen.

4. Die Brötchen im Ofen kurz erwärmen, dann aufschneiden. Auf die untere Hälfte streichst du etwas Senf, legst 1 Frikadelle darauf, dann Tomaten- und Gurkenscheiben, Salatblatt und, für Cheeseburger, 1 Scheibe Käse. Zum Schluss die obere Brötchenhälfte drauflegen.

Für 6 Mini-Burger brauchst du:

400 g gemischtes Hackfleisch
1 Zwiebel · 2 Eier
½ Bund glatte Petersilie
1 EL Tomatenmark
Salz · 4 EL Öl
6 Salatblätter
1 große Tomate
¼ Gurke · 4 EL Rapsöl
2 EL süßer Senf
6 Mini-Burgerbrötchen
6 Scheiben Gouda (für Cheeseburger)

Zubereitungszeit: ca. 40 Min.

Herzhafte Waffeln

Für 4 Portionen brauchst du:

Für die Waffeln:
150 g weiche Butter
150 g Naturjoghurt
150 g Feta (Schafskäse)
250 g Weizenvollkornmehl
3 Eier
Öl für das Waffeleisen

Für den Quark:
1 Apfel
1 kleines Bund Radieschen
100 g Naturjoghurt
100 g Magerquark
Salz
Frühlingszwiebelröllchen

Waffeleisen

Zubereitungszeit:
ca. 20 Min.
+ Backzeit ca. 10 Min.

1. Für die Waffeln die Butter zusammen mit Joghurt, zerkrümeltem Feta und Mehl in eine große Schüssel geben. Die Eier in die Schüssel aufschlagen. Alles mit den Quirlen des Handrührgeräts zu einem glatten Teig verrühren. Etwa 5 Minuten ruhen lassen.

2. Für den Quark den Apfel waschen und das Fruchtfleisch auf der Küchenreibe bis auf das Kerngehäuse grob in eine Schüssel raspeln. Die Radieschen putzen, waschen und ebenfalls grob in die Schüssel reiben. Joghurt, Quark, 1 Prise Salz und Frühlingszwiebelröllchen dazugeben und alles gut verrühren.

3. Das Waffeleisen vorheizen und leicht einfetten. Den Teig noch mal umrühren. Nacheinander ca. 4 Waffeln backen. Dafür je ein Viertel des Teiges auf die untere Backfläche geben und das Waffeleisen schließen. Es darf kein Teig herausquellen. Jede Waffel muss etwa 4 Minuten lang goldbraun backen. Den Apfel-Radieschen-Quark zu den Waffeln servieren.

Gartenbowle

Für 6 Gläser brauchst du:

600 ml Pfefferminztee
600 ml Apfelsaft
300 ml Mineralwasser
(mit Kohlensäure)
200 g Erdbeeren
50 g Heidelbeeren
je ¼ Ananas und Melone
2 EL Holunderblütensirup

1 große Glasschüssel
6 Cocktailpikser oder kleine
Gabeln
Ausstechform Stern

Zubereitungszeit:
ca. 20 Min.
+ Kühlzeit mindestens 1 Std.

1. Den bereits aufgebrühten Tee, den Apfelsaft und das Mineralwasser mindestens 1 Stunde kühl stellen.

2. Die Erdbeeren waschen und die Kelchblätter entfernen. Die Heidelbeeren in einem Sieb vorsichtig kalt abbrausen. Das Ananasfruchtfleisch von der Schale lösen und den Strunk entfernen, das Fruchtfleisch in Würfel schneiden. Die Melone entkernen, von der Schale lösen und in etwa 1 cm dicke Scheiben schneiden. Bei der Zubereitung der Ananas und Melone lass dir von Mama oder Papa helfen. Aus den Melonenscheiben kannst du mit der Ausstechform kleine Sterne ausstechen, den Rest schneidest du einfach in Würfel.

3. Alle vorbereiteten Früchte kommen in eine große Glasschüssel. Jetzt gibst du den abgekühlten Minztee, Apfelsaft und Holunderblütensirup dazu und rührst alles einmal um.

4. Stelle die Bowle noch mal kühl. Kurz vor dem Servieren kannst du sie dann mit dem kalten Mineralwasser auffüllen. Nicht vergessen: Cocktailpikser oder kleine Gabeln zum Aufspießen der Früchte dazulegen.

5. Die Früchtebowle schmeckt auch mit einer Mischung aus rotem Früchtetee und Johannisbeersaft mit Mineralwasser aufgegossen. Als Früchte passen dann gemischte Beeren und Nektarinen- oder Pfirsichwürfel besonders gut.

Himbeer-Limo

Du brauchst für 4 Gläser:

400 g frische Himbeeren
(das geht also vor allem gut
im Sommer)
1 Limette
2 EL braunen Zucker
½ l Mineralwasser

feines Sieb
Glasflasche mit Verschluss
(zum Transportieren)

Zubereitungszeit:
ca. 25 Min.

1. Die Himbeeren kannst du vorsichtig mit Wasser abbrausen und lässt sie auf einem Stück Küchenrolle trocknen.

2. Dann lässt du sie von Mama oder Papa in einem hohen Gefäß mit einem Stabmixer pürieren. Jetzt muss die Himbeer-masse noch durch ein feines Sieb gedrückt werden, damit die Kerne draußen bleiben. Das kannst du gut selbst machen.

3. Jetzt presst du den Saft aus der Limette und mischt ihn mit dem braunen Zucker. Dazu musst du kräftig und auch eine ganze Zeitlang rühren.

4. Den süßen Limettensaft gibst du jetzt zum Himbeerwasser und rührst alles gut durch.

5. Am Ende füllst du den halben Liter Mineralwasser dazu.

6. Fertig ist deine Himbeer-Limo! Die füllst du in eine große Glasflasche mit einem Verschluss. Für den Transport wickelst du die Flasche am besten in ein Handtuch ein, damit sie nicht kaputt geht.

Eis am Stiel

Du brauchst für 6–8 Portionen (Espressotassen-Größe):

150 g Naturjoghurt
100 g Mascarpone
(das ist ein besonders
cremiger Frischkäse)
250 g Erdbeeren (oder aus
eigener Ernte)
1 EL Zucker · 2 EL Honig
1 EL Zitronensaft (frisch gepresst aus einer Bio-Zitrone)

hohen Rührbecher
Stabmixer
6–8 kleine Förmchen oder
Espressotassen (sie müssen
die Kälte im Tiefkühlfach
aushalten)
6–8 Holzstäbchen oder
kleine Löffel

Zubereitungszeit:
ca. 20 Min.
+ Kühlzeit ca. 2 Std.

1. Joghurt und Mascarpone in den hohen Rührbecher geben. Die Erdbeeren waschen, die Kelchblätter entfernen und dazugeben. Zucker, Honig und Zitronensaft dazugeben. Alles auf höchster Stufe 1 bis 2 Minuten sehr fein pürieren.

2. Die Eismasse auf die Förmchen verteilen. Im Tiefkühlfach ca. 1½ Stunden gefrieren lassen.

3. In die Mitte der schon angefrorene Masse steckst du dann je ein Holzstäbchen oder einen kleinen Löffel mit dem Griff nach oben, das ist später der Stiel.

4. Das Eis zurück ins Gefrierfach stellen. Nach weiteren ca. 1½ Stunden kann es endlich vernascht werden! Du kannst es natürlich auch länger drin lassen.

5. Wenn du die Förmchen herausgenommen hast, tauche sie kurz in etwas warmes Wasser, dann lässt sich das Eis am Stiel leicht herauslösen.

Käse-Tassenkuchen

Für 4 Portionen brauchst du:

Butter zum Einfetten
250 g Magerquark
100 g Sahne
2 Eier · 70 g Zucker
1 Päckchen Vanillepudding-
pulver
2 EL Zitronensaft (frisch gepresst aus einer Bio-Zitrone)
50 g Lieblingsbeeren (frisch
oder tiefgekühlt)
Puderzucker zum Bestäuben

4 ofenfeste Tassen

Zubereitungszeit:
ca. 10 Min.
+ Backzeit ca. 35 Min.

1. Die Tassen mit der Butter leicht einfetten. Den Quark mit der Sahne vermischen. Die Eier gründlich unterrühren.

2. Den Zucker und das Puddingpulver unter die Quarkmischung rühren. Den Zitronensaft untermischen. Den Teig auf die Tassen verteiln und ein paar Beeren obendrauf setzen. Tiefkühlfrüchte dürfen unaufgetaut bleiben.

3. Die gefüllten Tassen auf die mittlere Schiene in den kalten Ofen stellen, dann den Backofen auf 180 °C Umluft (200 °C Ober- und Unterhitze) einstellen. So können sich die Tassen langsam an die Hitze gewöhnen. Die Küchlein im Ofen etwa 35 Minuten backen. Küchlein herausnehmen (Topfhandschuhe benutzen!), abkühlen lassen und mit Puderzucker bestäuben.

Wann ist der Kuchen fertig?
Damit du genau weißt, wann dein Kuchen aus dem Ofen muss, machst du die sogenannte **Stäbchenprobe.** Besser gesagt: Du lässt sie von deiner Mama oder deinem Papa machen. Dazu braucht ihr einen langen Holzspieß. Der Ofen wird geöffnet (Achtung, da kommt ganz heiße Luft heraus, also nicht so nah mit dem Gesicht ran!) und mit einem Backhandschuh das Blech ein kleines Stück herausgezogen. Dann pikt ihr mit dem Holzstab tief in den Teig und zieht ihn wieder heraus. Wenn noch Teig daran hängt, kann dein Kuchen noch eine kleine Weile im Ofen bleiben, wenn nicht, ist er fertig.

Melonenpizza

Du brauchst für 2 Pizzen:

2 dicke Scheiben Baby-
Wassermelone
(etwa 2 cm dick;
von einem Erwachsenen
schneiden lassen!)
200 g Naturjoghurt
1½ TL Honig
100 g Heidelbeeren
100 g Erdbeeren
2 Aprikosen
gehackte Nusskerne

Zubereitungszeit:
ca. 25 Minuten

1. Jede Wassermelonenscheibe auf einen großen Teller legen und mit dem Messer wie eine Pizza in 6 dreieckige Stücke schneiden. Lass dir dabei am besten von deiner Mama oder deinem Papa helfen.

2. Dafür jede Melonenscheibe erst einmal quer in 2 Hälften schneiden. Dann jede Hälfte in 3 Stücke schneiden.

3. Den Joghurt abwiegen. Mit dem Honig in ein Schälchen geben und alles gut verrühren.

4. Auf jedes Melonenstück gibst du 1 kleinen Klecks Honig-joghurt.

5. Alle Beeren verlesen, in einem Sieb waschen und abtropfen lassen. Von den Erdbeeren die Blätter entfernen. Die Erdbeeren klein schneiden.

6. Aprikosen auf dem Schneidebrett rundherum mit einem Messer einschneiden, die Fruchthälften durch Drehen voneinander lösen und die Steine entfernen. Aprikosenhälften erst in Spalten schneiden, dann in kleine Stücke.

7. Die Melonenpizza gleichmäßig mit den Früchten belegen. Nach Belieben mit gehackten Nüssen bestreuen.

Bildnachweis

© 2021 ZS Verlag GmbH
Kaiserstraße 14 b
D-80801 München

ISBN 978-3-96584-101-7
1. Auflage 2021

Projektleitung: **Eva-Maria Hege, Isabella Thiel**
Texte: **Nina Schnackenbeck**
Rezepte: **ZS-Team**
Lektorat: **Eva-Maria Hege, Isabella Thiel**
Grafische Gestaltung & Satz: **Julia Arzberger**
Zeichnungen: **Ina Mertens**
Herstellung: **Frank Jansen**
Producing: **Jan Russok**
Druck & Bindung: **optimal media GmbH, Röbel**

Kurze Wege schonen die Umwelt
Dieses Buch wurde in Deutschland gedruckt

© I. Schmitt-Menzel/Friedrich Streich | WDR Mediagroup GmbH
Die ZS Verlag GmbH ist ein Unternehmen der Edel Verlagsgruppe, Hamburg.
www.zsverlag.de | www.facebook.com/zsverlag